从总部基地到零工社区

中关村丰台科技园创新实践

中关村科技园区丰台园管理委员会 组编

中国文联出版社
http://www.clapnet.cn

图书在版编目（CIP）数据

从总部基地到零工社区：中关村丰台科技园创新实

践／中关村科技园区丰台园管理委员会组编．－－北京：

中国文联出版社，2018.2

ISBN 978－7－5190－3478－8

Ⅰ.①从… Ⅱ.①中… Ⅲ.①高技术园区—概况—丰台区

Ⅳ.①F127.13

中国版本图书馆 CIP 数据核字（2018）第 036165 号

从总部基地到零工社区：中关村丰台科技园创新实践
（CONG ZONGBU JIDI DAO LINGGONG SHEQU：
ZHONGGUANCUN FENGTAI KEJIYUAN CHUANGXIN SHIJIAN）

作　　者：中关村科技园区丰台园管理委员会

出 版 人：朱　庆

终 审 人：奚耀华　　　　　　复 审 人：蒋爱民

责任编辑：胡　笋　　　　　　责任校对：傅泉泽

封面设计：一站出版网　　　　责任印制：陈　晨

出版发行：中国文联出版社

地　　址：北京市朝阳区农展馆南里 10 号，100125

电　　话：010－85923039（咨询）85923000（编务）85923020（邮购）

传　　真：010－85923000（总编室），010－85923020（发行部）

网　　址：http：//www.clapnet.cn　　http：//www.claplus.cn

E－mail：clap@clapnet.cn　　hus@clapnet.cn

印　　刷：三河市华东印刷有限公司

装　　订：三河市华东印刷有限公司

法律顾问：北京天驰君泰律师事务所徐波律师

本书如有破损、缺页、装订错误，请与本社联系调换

开　　本：710×1000　　　　　1/16

字　　数：163 千字　　　　　印　张：13

版　　次：2018 年 2 月第 1 版　　印　次：2018 年 2 月第 1 次印刷

书　　号：ISBN 978－7－5190－3478－8

定　　价：58.00 元

目　录
CONTENTS

第一篇 **01**

丰台科技园总部基地：
总部经济的实践

第一章

创新征程：丰台科技园的发展阶段

　　中关村丰台科技园 1991 年批准成立，是全国最早被批准成为国家级高新区的园区之一，同时也是中关村科技园最早的"一区三园"之一，2006 年成为全国首批向 APEC 开放的科技工业园之一。中关村丰台科技园初期规划面积 8.18 平方公里，2012 年被批准调整并扩大为 17.63 平方公里。经过 20 多年的建设发展，丰台科技园产业集聚和园区建设初具规模，2015 年丰台科技园总收入达到 4004.2 亿元，"十二五"期间年均增速高于 10%①。目前园区已建设成为北京市重要的高新技术产业基地和丰台区核心的城市经济功能区，并率先在全国形成了总部基地发展模式。总结丰台科技园的建设发展经验，结合园区产业发展特征及空间组织形态，可将园区的发展历程划分为高新技术园区、总部基地和共享社区三个阶段。

---

　　① 数据来源：根据丰台区统计信息网公布数据计算，2011—2015 年丰台园总收入年均增速为 11.0%。

一、高新技术园区阶段（20 世纪 90 年代初至 2000 年）

20 世纪 90 年代后，首都经济逐步向"去重工业化"方向调整，产业结构逐步由"二、三、一"向"三、二、一"转变，北京市确立了以高新技术产业为先导、以服务经济为核心的发展方向。在这样的背景下，1988 年国务院批复成立北京市新技术产业开发试验区（为中关村科技园区前身），次年正式更名为中关村科技园区。丰台科技园正是借着这次体制机制改革的东风，高举火炬计划的创新大旗，于 1991 年 11 月正式由北京市人民政府批准成立的。1992 年 11 月，丰台科技园举办奠基仪式，标志着园区正式开始启动建设，与海淀园、朝阳园共同成为中关村科技园区最早的三个园区。

图 1－1a　1992 年 10 月温家宝同志在园区一期勘察

丰台科技园东区 1992 年开始建设，规划建设面积 401 公顷，其中一期面积 176 万平方米，经过十几年的建设，园区入驻了动力源等一批科技型企业，形成了集研发、总部、中试等功能于一体的产业化基地，为丰台区这一阶段经济社会发展做出了重要贡献。

图 1-1b 丰台科技园一期建设前　　图 1-2 丰台科技园一期建成后

二、总部基地阶段（21 世纪初至 2015 年）

21 世纪初，中国成功加入 WTO（世界贸易组织），首都经济进入后工业化阶段，北京市服务业快速升级，这些外部环境都为新阶段丰台科技园的发展创造了良好的时代机遇。为突破科技园区同质化发展的困境，丰台科技园在全国率先提出总部经济的发展理念，重点打造总部基地品牌，从而推动丰台科技园由传统的科技工业园转型为全国知名的总部经济集聚区，迈开了跨越式发展的步伐。2006 年，经国务院正式批准，中关村丰台科技园区总规划面积确定为 818 公顷，由东区、西区和科技一条街构成，初步确立了"两区一街"空间格局。

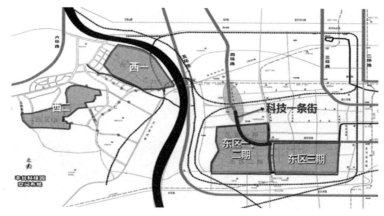

图1-3　初期"两区一街"空间格局

中关村丰台科技园东区二期于2002年12月正式启动建设,是丰台区发展总部经济最重要的空间载体,规划建筑面积235万平方米,定位为以商务办公功能为核心的高科技商务花园,引入外资共同进行园区土地二级开发,并采用组团式大项目建设模式,规划建设了总部基地、鹏润国际时尚中心、总部国际等功能板块,吸引了美国江森、乐华梅兰、中国诚通控股、中国汽车研究中心、正泰电气股份有限公司等一批总部型、研发型企业入驻,成为全国首个总部基地策源地和北京市重要的高端产业功能区。其中总部基地总占地面积65公顷,总建筑面积140万平方米,规划建设总部楼宇500余座,配套总面积约6万平方米的六星级酒店和12.5万平方米的商业配套设施,绿化率达50%左右,初步形成了集办公、科研、中试于一体的企业总部聚集基地。东区三期2010年开始建设,总面积181公顷,是"十二五"阶段首都西南地区待开发的、规模最大的一片高新技术产业用地,园区整体定位为高技术服务总部区,重点打造新兴产业及高端服务业产业集群,已建成或在建重大项目主要有中铁诺德、三洲能源科技中心、专利技术研发中心、海格通信导航园、中国铁路通信信号科技研发中心等，未来打造总部基地的升级版。

图1-4 东区二期实景图 图1-5 东区三期规划效果图

中关村丰台科技园西区面积417公顷，位于永定河西侧，地处北京西部生态发展带，定位为制造业创新中心和"军民融合创新园"，采取多种模式结合开发的理念，其中Ⅰ区立足自主开发，打造总部基地西区，努力实现文化创意的产业聚集；Ⅱ区通过单宗出让、整体开发和自持物业三种模式进行开发，打造军民融合产业基地，上述两个区域构成"永定河生态科技新城"。2013年园博会成功举办后，丰台科技园西区的品牌影响力不断提升，进一步加速了建设进程，同时被赋予更多生态文明的内涵，加之高端完备的配套设施，西区后发优势突出，未来将建设成为以科技、生态和文化为主题的国内外知名大企业的重要聚集点、战略性新兴产业研发和转化基地和北京市生态品质最好的科技园区之一。

图1-6　丰台科技园西区景观示意图　图1-7　丰台科技园西区概念规划示意图

丰台科技园科技一条街全长12公里，主要基于建成楼宇拓展创新孵化功能，由14个孵化器分中心、18栋孵化楼构成，孵化办公面积22万平方米。目前科技一条街主要依托北京国际企业孵化中心（IBI）、赛欧科园孵化中心、生物医药孵化中心、航天银星等一批专业孵化器为科技型中小企业提供多样化的创新发展空间，目前汇聚了软件信息、生物医药、新材料、能源环保等领域的高新技术企业，初步形成了丰台区密度极高的高新技术企业带。

图1-8　丰台科技园科技一条街示意图

2012 年，经国务院批准，中关村国家自主创新示范区整体调整空间规模和布局，丰台科技园规划面积由原来的 818 公顷扩展到 1763 公顷，面积增幅 115%，新增新兴际华集团、北车集团、南车集团、首钢总公司和丽泽 5 个主体，新纳入中关村政策体系的功能区有 7 个区域，包括汽博中心、丽泽商务区、永定河文化创意产业聚集区、首钢动漫城、二七车辆厂、二七机车厂、应急救援科技创新园。

截至"十二五"期末，丰台园总收入跨过 4000 亿元大关，产业进入平稳增长时期。园区收入结构逐步优化，"十二五"期间产品销售收入和技术收入呈逐年增长趋势；重点企业的收入对丰台园经济的带动效应不断凸显，2015 年收入大于 100 亿元的企业实现收入 1672.4 亿元，较 2010 年涨幅为 226.6%，高于园区 5 年间总收入增幅（87.5%）①。

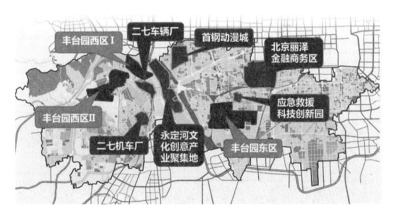

图 1-9 丰台科技园调整后空间范围

① 数据来源：丰台区统计信息网。

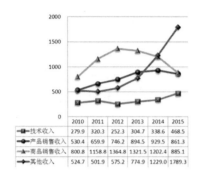

图1-10　"十二五"时期丰台园
四项收入

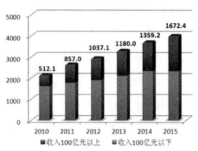

图1-11　"十二五"时期重点
企业实现总收入

此外，近年来丰台科技园科技创新能力不断提升。科技研发投入不断增大，2010—2015年，研发活动人员由1.7万增长到3.1万，年均增速达到12.7%。研发活动人员在从业人员中的占比由13.7%增长到18.4%；企业内部的日常研发经费支出由28.2亿元增长到78.1亿元，年均增速达到22.6%；科技项目数从1903项增加到3103项，年均增速10.3%；专利申请数、科技论文数年均增速分别为19.6%和27.6%。

表1-1　"十二五"时期科研活动发展情况

指标名称	2010年	2011年	2012年	2013年	2014年	2015年	年均增速（%）
研发活动人员（万人）	1.7	2.1	2.3	2.6	2.9	3.1	12.7
企业内部的日常研发经费支出	28.2	33.3	38.7	46.0	55.1	78.1	22.6
研发人员人工费	9.5	13.8	16.7	20.3	24.6	41.6	4.4
科技项目数	1903	2011	2322	2649	2825	3103	10.3

指标名称	2010年	2011年	2012年	2013年	2014年	2015年	年均增速（％）
专利申请数	1171	1411	1624	2048	2159	2871	19.6
发表科技论文数	440	546	601	779	930	1487	27.6

三、共享社区阶段（2015年后）

进入20世纪第二个十年，全球新科技革命正在推动全球产业变革，互联网经济、知识经济、共享经济等新经济形态逐步兴起，推动以科技园区、产业新城等为代表的产业发展载体的功能不断迭代升级，而其中的创新空间单元的组织也呈现出功能复合化、创新开放化、产业生态化等发展特征和趋势。此外，在我国积极推进"大众创业、万众创新"新引擎的背景下，北京作为全国科技创新中心，积极支持一大批众创空间等孵化机构集聚发展，这些外部环境都对园区的建设发展提出新的要求。未来丰台科技园将紧抓全球新经济发展趋势，以市场和企业需求为导向，以营造创新生态体系为核心，着力推动以共享社区为代表的新型创新空间和创新服务供给，引领全国乃至世界新一轮科技园区的建设发展。

第二章

丰台科技园率先实践总部经济的优势

通过文献调查发现，关于总部的选址及分支机构的设立等的研究与实证，在国外 20 世纪 60 年代就已开始出现。在我国，总部经济的概念自 2001 年开始提出，2003 年关于总部经济的研究逐渐系统化，出现了一批研究专著与论文，总部经济理论体系逐渐形成。与此同时，2002 年，丰台科技园紧抓新一轮高科技园区转型发展契机，依托自身优势，在国内率先建立第一个总部经济实践区，即丰台科技园总部基地，自此拉开了全国总部经济基地建设的帷幕。

一、总部经济理论的提出

1. 小艾尔弗雷德·钱德勒：关注总部发展第一人

总部的最初研究起源于企业管理学。国外关于对总部现象的关注与研究，最早是由美国企业史（商业史）的奠基人——小艾尔弗雷德·钱德勒开始的。钱德勒的曾外祖父是在管理学史上著名的《美国铁路杂志》主编亨利·瓦农·普尔（Henry Varnum Poor），母亲是杜邦公司高级管理人员的女儿，他还是美国历史上传奇人物、汽车大王亨利·福特的远亲。钱德勒毕业于哈佛大学，曾就职于著名经济学家熊彼特建立的企业家历史研究中心。深厚的家庭背景及教育、工作经历，使他对大企业的产生发展产生了浓厚的兴趣，开始解读大公司的发展奥秘。

钱德勒自20世纪60年代从企业管理组织的角度切入，先后出版了号称"钱氏三部曲"的企业史巨著，包括《战略与结构：美国工商企业成长的若干篇章》《看得见的手：美国企业的管理革命》和《规模与范围：工业资本主义的原动力》三本著作，第一次在理论上对企业总部形成、演进的过程和规律进行了系统阐释与实证研究。钱德勒通过对美国企业的战略与组织变迁的探讨，提出企业内部组织结构正向公司"总部—分部"结构演变，最初的中央集权式的职能式组织结构正逐步退出历史舞台，并以杜邦公司西尔斯公司等大企业为研究对象，得出了著名的钱德勒命题——结构跟随战略，论述了分部制管理结构的产生完善过程，直接促成了这些公司分部制管理结构的产生①。

之后，威廉姆森（Williamson）、古尔德（Michael Goold et al.）、雅各布森（Stig – Erik Jakobsen）、藤田（Fujita）等国外学者从总部的职能、总部与各部门的关系、总部城市等不同角度对企业总部进行了深入分析。受小艾尔弗雷德·钱德勒思想的影响，国外学者大多是从企业层面对总部及分支机构进行了理论阐释与实证研究②，当时尚未形成对总部经济形态的清晰认识。

2. 总部思想进入我国：总部经济理论的形成与总部基地的崛起

21世纪初，随着越来越多的国际学术交流和海外人士的回归，

---

① Alfred D. Chandler. The Visible Hand：The Managerial Revolutionin American Business［M］. Massachusetts Harvard University Press，1977：45 – 78.

② C. W. L. Hill. Oliver Williamson and the M – Form Firm：A Critical Review［J］. Journal of Economic Issues，1985：731 – 751.

国内政府官员与学者对企业总部、尤其是全球跨国公司在国内设立地区总部的关注度不断提高，国外从企业层面阐述的总部思想在国内得到传播和升华，关于总部的相关理论研究开始出现并上升到经济理论层面，总部经济理论体系逐步形成。通过中国知网的文献调查显示，国内最早关于总部经济的研究论文——"关于发展总部经济的设想"出现在 2001 年 3 月，由原宣武区计划委员会主任丁力、副主任郭文生撰写。文章对宣武区总部企业发展现状、环境营造以及政策支持等进行了总结，归纳总结了总部经济的规模实力、行业分布、技术创新等特征，提出了促进宣武区总部经济发展的相关建议①。该文更多的是对总部企业聚集现象的总结归纳，尚未上升到总部经济的理论概念层面。

2001 年之后，国内关于总部经济的理论研究日益丰富，2003 年国内关于总部经济理论的第一本专著《总部经济》由中国经济出版社出版。该著作在研究总结纽约、新加坡、香港等城市总部经济发展的基础上，对北京、上海等国内大城市的总部经济进行了比较分析，通过总部经济概念的界定以及理论模型的构建，系统阐述了总部经济的形成机制、内在特征，并就发展总部经济对城市经济及社会的促进效应进行了深入探讨。该著作也延续了小艾尔弗雷德·钱德勒企业总部的研究思路，对摩托罗拉、联想、中科三环、经纬纺织、白菊集团等企业总部的发展进行了多维度解析。同年，丰台科技园总部基地作为国内第一个规划建设的总部经济园区开建，之后我国青岛、沈阳、大连、重庆等地各类总部基地如雨后春笋般不断涌现，总部经济理论与实践紧密结合，得到不断丰富与发展。

总而言之，追根溯源，总部经济的研究起始于微观层面对大型

---

① 丁力、郭文生：《关于总部经济的设想》，载《首都经济杂志》，2011 年第 3 期。

企业总部的探究，后在我国上升到宏观层面成为一种经济形态，并指导城市规划建设者打造专业园区承载总部经济各类业态。总部经济作为一种新型经济形态，对提高城市土地利用效率、集中优势资源、设施配套共享等起到了极大的促进作用，也很好地改善了区域发展环境，塑造了城市品牌，但同时也产生了一些争议，比如总部聚集区对周边区域产生了"虹吸效应"，使得区域之间发展差距拉大，并且由于早期各类规划的超前性不足，近年来随着总部企业的集中及对关联企业的聚集带动效应凸显，总部聚集区交通、市政等压力日益增大，使得很多总部聚集区域成为城市治理的重点与难点。比如北京的国贸地区、巴黎的拉德芳斯等地区都成为城市通勤的堵点。

二、总部经济发展条件与动力

总部经济的产生与发展，既有必然性，也有偶然性。这是因为企业发展到一定规模，随着公司业务的区域拓展需求，就会在当地设立地区总部、子公司或者分公司等，其母公司必然就成为总部，而总部聚集区的产生却存在偶然性，比如美国硅谷等地当初聚集了一批高成长性的企业，引领了世界科技发展的方向，产生了一大批企业总部，自然而然其就成为全球著名的总部聚集区。从这个意义而言，硅谷等早期总部聚集区的产生其实是园区发展到高级阶段的一种表现形式。而国内许多城市通过规划建设了一批总部聚集区，通过良好的基础设施建设和商务环境营造吸引总部聚集，人为干预或行政干预起到了主导作用，但也不失为促进区域快速发展的捷径。无论是自然形成的还是规划建设形成的总部聚集区，都表现出需要满足一定的发展条件才能支撑总部经济的发展。

概括而言，一是要有"人才"，即要拥有高素质的人才和丰富的科研教育资源，能够使得公司总部以较低的成本获得创新型人才与技术支持，实现知识价值的创造。二是要有"位势"，即要有良好的区位条件和便利的交通等基础设施，能够有效降低总部与分支机构的联系成本。三是要有"信息"，即要有便捷的信息获取与异地沟通信息渠道，企业总部之间能够较好地产生信息流。四是要有"环境"，即区域要具备良好的法律制度和政策环境，能够融洽共处的多元文化环境以及高效的政府服务环境。五是要有"支撑"，即要能够提供企业总部运行所需的各类商务服务，这也决定了该区域服务业的比例要达到较高水平。除以上五个条件之外，国际化程度高、周边有相关产业基础支撑也是总部聚集发展的重要条件。

上文提到，总部聚集区是园区发展到高级阶段的表现形式，那总部经济实质上是一种高级形态的产业集群。通过对企业总部、总部聚集区产生及发展的过程探究，可以发现总部经济产生的动力。企业内部分工细化是总部经济产生的原动力。随着信息技术的发展，使得企业内部传递交流成本大幅降低，促进了企业组织结构的扁平化。企业通过价值链的划分，推动决策、研发、投资、营销、生产等环节在职能上实现专业化，在空间上逐渐剥离，处于战略决策地位的企业总部就这样产生了，大量企业总部的出现和聚集，就形成了总部经济现象。总部企业开始有规划地进行布局，比如将总部设在大城市或者中心城市，便于就近获取信息与情报；将生产基地设在生产资料较为丰富的区域，或者将分公司设在业务较为集中的区域，这样就产生了"总部—分支机构"的布局。而大城市通过创造良好的环境条件和政策条件，吸引企业总部聚集，产生了总部聚集区，并吸引了服务总部的商业商务活动聚集，带动区域土地价值与周边土地价值快速提升。总部经济的出现，也间接推动城市间分工合作与城市等级的产生。

三、总部经济发展的五个阶段

关于总部经济阶段划分的命题，笔者遍查国内外关于总部经济理论的研究文献，都未发现关于此类的研究。但作为参与丰台科技园总部基地园区建设管理多年的工作者，笔者发现在企业总部形成发展过程中，确实存在一些阶段性现象。经过与专家、从业者的交流探讨与归纳总结，笔者将总部经济的发展分为资产期、资本前期、资本后期、知识产权引进期、知识产权培育期五个阶段。由于所处行业的属性不同，不同企业总部的发展路径并非按照这五个阶段严格划分，可能处于不同阶段，而且也存在阶段交叉并行的现象，但并不影响企业整体向下一个阶段迈进的发展态势。总而言之，总部经济阶段的划分更多的是结合实际，从另一个视角来探讨企业总部的发展。

观将总部经济发展的五个阶段分述如下：

1. 资产期

这个阶段的企业总部主要表现为企业将资产在不同地域空间进行配置，更多地集中在持有重资产的行业领域，如制造业、房地产业等。以海尔集团为例，在海尔集团的成长历程中，通过在全国乃至全球建立多个工业园和生产制造基地，海尔集团不断扩大生产规模。目前，海尔集团在青岛建设了海尔工业园、海尔信息产业园、海尔开发区工业园、海尔开发区国际工业园、海尔开发区新兴产业园、海尔胶州国际工业园和胶南海尔工业园 7 个园区；在合肥、大连、武汉、重庆、章丘等城市建设了多个海尔工业园和产品生产基地；在美国、意大利、印度、巴基斯坦、马来西亚、越南、泰国等国家设立了生产制造基地，遍及欧洲、北美、亚洲和非洲。海尔集团在各地建立生产基地的主要原因是利用当地较为低廉的生产成本。以海尔合肥生产基地为例，合肥市劳动力等成本比沿海发达地区低，同时相关优惠政策促进了整个家电产业逐渐向合肥聚集，形成了完整的产业链配套，交易成本明显降低，成为吸引海尔投资建厂的重要原因。海尔在全国乃至全球布局生产基地，实质上就是将公司资产向具有优质资源禀赋的区域进行配置，以实现公司资产的快速积累和壮大。

2. 资本前期

这一时期企业通过资产的积累，逐渐形成了雄厚的资本积累，企业开始以跨行业投资、并购的方式来进行资本运作，以达到壮大公司资产或者增加公司资本的目的。再以海尔集团为例，20 世纪 90 年代，海尔集团实施多元化发展战略，开始进行横向一体化业务整合，通过并购收购，从家电领域向数码、家居、医药等领域迈进，目前已形成了 96 大门类 1510 多个规格的产品群，堪称国内企业中成功实施品牌延伸策略的典范。从海尔业务多元化路径可以发现，海尔首先选择了与现有产品关联性较强的产品作为延伸的对象。随着企业技术和销售实力的不断增强、产品覆盖范围的不断扩大，后续产品的延伸也具有较好的关联性。而海尔集团多元化的发展进程，也伴随着海尔公司资本向多元领域延伸的过程。

3. 资本后期

这一时期企业通过前期的资本运作积累了大量经验，获取了大量企业股份，企业重资产与轻资产环节开始逐渐剥离，成立以轻资产的资本管理公司。而这一阶段，也囊括了一些大企业通过资产与资本的剥离，自己成立或合伙成立专业的投资公司来进行纯资本的运作，获取投资收益。以联想控股为例。联想集团自1984年成立后，经过多年的产品线更新和资产积累，于2001年成立联想资本（后更名为君联资本），由原联想高层管理人员率领进入投资领域，并将联想控股的3500万美元作为第一期基金。君联资本是联想控股旗下独立的专业风险投资公司，秉承了"用资金与管理帮助和促进中国创业企业的成长"的理念，主要以IT领域投资为主，兼顾非IT领域的机会。IT领域重点关注互联网相关的产品和服务，无线增值服务、外包服务、数字媒体和芯片设计及其他关键零部件的机会。君联资本主要侧重于企业初创期风险投资和扩展期成长投资。截止到2016年，君联资本管理四期基金，规模超过8亿美元，注资企业超过300家，其中40余家企业已成功在国内或海外上市/挂牌，近40家企业通过并购退出。联想控股通过君联资本公司的资本运作，成功带动了一大批关联行业领域的企业快速成长，也为联想的持续发展注入了创新动力。

4. 知识产权引进期

企业通过前期的技术积累与市场拓展，获得了快速成长的机会，但是随着企业技术创新的难度越来越大，创新投入也随着增长，且受制于企业核心技术由行业领先企业掌握，这一时期企业出于创新投入产出效率等的考虑，更倾向于向行业领先企业购买核心技术与知识产权，从而实现自身技术的快速突破，这一时期企业更多的是模仿创新与跟随创新。以联想收购IBM全球PC业务为例。20世纪90年代，国外厂商的进入，国内个人电脑市场容量虽然增加，但是随着竞争的加剧和PC产业的成熟，联想PC售价逐渐降低，并且幅度很大，利润空间大幅降低。同时联想缺乏核心技术和自主知识产权，在全球市场上品牌认知度不高，缺乏销售渠道，但是靠一己之力很难树立品牌，打通渠道。而IBM拥有覆盖全球的强大品牌知名度、世界领先的研发能力以及庞大分销和销售网络。联想通过收购IBM全球PC业务，除获得IBM品牌的5年使用权之外，还包括IBM的专利技术、研究团队，技术人员和海外渠道关系等。联想收购IBM全球PC业务的成功之处在于形成了今天雄厚的技术储备，然而同时期发展起来的国内PC厂商，如今大部分已经丧失了竞争力。1993年是中国PC行业的一个死亡临界点，当时全国有400多家PC厂商，大概只有22%的市场份额。当时联想的国际市场份额只有2%多一些，而如今，联想通过并购达到一个新的发展高度，已经占有8.9%的国际市场份额①。

5. 知识产权培育期

企业经历过模仿创新、跟随创新阶段之后，从外部获得核心技术的难度和成本越来越大，遇到了技术壁垒，这一时期企业需要变被动为主动，积极发挥和借助内外部创新力量，整合创新资源，进行自主创新，培育自主知识产权，从跟随模仿向引领式创新转变。目前，我国大力推动的"大众创业、万众创新"的核心就是知识产权培育、筛选与转化，以达到实现创新推动转型升级的目的。创新带来的成功案例不胜枚举。苹果通过"把最好的软件装在最好的硬件里"的商业模式创新，创造了股票市值神话；格力通过不断的创新驱动，进行产品技术升级，开创了空调行业新时代，成为中国首家超过千亿元的纯家电上市企业。其中最具代表性的企业是华为公司。华为非常重视创新，并拥有核心技术。华为每年都投入超过销售收入10%的资金做研发，其中47%以上的员工为研发人员。在华

---

① http：//ip. people. com. cn/GB/136672/136683/176796/10573243. html，联想并购IBM全球PC业务得到了什么？

为发展的早期，其技术研发主要以跟踪开发为主，通过学习借鉴别人已经成熟的技术，以节约产品成本，提高竞争力。随着华为的发展壮大，在技术上拉近了与国际先进水平的差距后，其跟踪型的研发之路也自然越走越窄，开始走向自主创新之路。2003 年，华为和3Com 合作成立合资公司，在面向企业用户的路由器产品方面形成突破。2007 年华为与赛门铁克成立合资公司，共同致力于网络安全与存储产品的研发、销售和服务。华为还与高通、西门子、NEC、英飞凌、微软、日本京瓷等公司合资或者合作。通过与领先企业合作，华为打通了从系统设备到接入终端的整个链条，既实现了华为品牌的树立，又获得产业链更高利润。从跟随模仿到合资合作再到自主研发，华为正在引领全球创新的巅峰①。2016 年，华为入选英国电信公司未来 5 年优选供应商，其他为爱立信、思科、西门子等 7 家跨国顶级供应商。

---

① http：//www. ceh. com. cn/cjpd/2013/10/252187. shtml，在跟踪模仿中走向自主创新，中国经济导报.

第三章

总部基地：国内首个总部经济实践区

一、总部经济模式的引进

1. 丰台园一期开发建设模式及存在的问题

1991 年丰台园启动一期开发建设，2002 年一期开发建设基本完成。丰台园一期采用传统的开发建设模式，即由政府做好土地的一级开发，之后将做好市政的土地切分成数量有限的地块，出售给不同的企业，企业购地后用于工业项目的开发建设。在当时的环境下，这种招商方式取得了一定的成效，区域经济得到了一定发展，企业聚集效果较为显著。1992 年园区入驻企业实现技工贸总收入 6200 万元，到 2002 年实现技工贸总收入达到 200 亿元，年均收入增长达到 178%。

表 3 – 1　丰台园 10 年开发经济发展的情况统计

单位：亿元、家、人

主要指标	1992年	1993年	1994年	1995年	1996年	1997年	1998年	1999年	2000年	2001年	2002年
总收入	0.62	6.4	9.7	19.9	23.2	24	28.1	42.4	87.1	120	200
工业总产值	0.45	3.1	4.4	7.6	11.2	12	14.7	24	44	69.84	88
增加值	—	—	—	3.41	3.74	4.77	5.76	8.96	14.02	20.3	29
税费	0.02	0.19	0.36	0.67	0.88	1.12	1.33	1.89	2.75	4.35	7.01
利润总额	—	0.39	0.57	1.4	1.6	1.9	2.5	3.8	8.7	9.7	—
从业人员	—	12457	15498	15599	15568	15283	15847	16873	24522	29242	—
企业数	230	324	112	62	67	69	126	168	258	272	301
注册资本	25							15.36	19.5	19.01	89.5

与此同时，这种开发建设模式也存在一些弊端，造成了一定的负面影响。一是由于缺乏园区整体产业规划、空间规划等各项规划，对购地企业设定门槛不高，造成入园企业良莠不齐，部分企业开发建设能力欠缺，导致直接投资的项目建设档次较低，影响园区景观，导致园区整体品质不高；二是企业购地后受资金压力等各方面限制，造成有的地块长期闲置得不到有效利用；三是对购地企业的管控力度较弱，一些企业拿地后擅自改变土地用途，改做收益更高的房地产项目而不是工业项目。这些问题一定程度上阻碍了园区的快速发展。

2. 丰台园对建设总部基地的探索

2002 年，丰台园在进行二期开发的时候，为了适应园区内外部发展环境的变化，同时为了避免一期开发建设中存在的问题，丰台园开始考虑更为合理的规划及开发建设方式。丰台科技园委托著名的物业公司威格斯对丰台园二期的定位、开发建设等内容进行详细系统的研究。威格斯接受委托后，组织团队展开了对园区产业区、公建区、住宅区等空间功能的调研分析工作，并撰写形成了《中关村丰台科技园区二期项目之顾问报告汇报稿》。在威格斯提交的顾问报告里，认为"丰台园将会成为未来北京西南部的商务科技中心，西南部落后的经济发展状况也急需一个商务中心来带动该区域相关产业的发展，因此，办公物业将是二期开发的核心和基础"；并将丰台园二期整体定位为"四环路高科技产业带沿线、中关村'一区五园'中、面向成长期的高科技中小企业、以小型写字楼群体为特征的第一个大型、簇群式高科技商务花园"。"商务花园"这一概念来源于国外建设理念，丰台园几乎完全符合商务花园的建设理念，丰台园处于中心城区的相对边缘地区，具有足够大的土地面积、交通便利、入园企业可享有的优惠政策较多。

在明确了"商务花园"的定位以后，丰台园开始为这一建设方案寻找理论支撑。为此，于2002年6月5日在东方广场召开了"北京首届科技商务花园高层研讨会"，时任中关村科技园区丰台园管委会主任的汪洪、威格斯中国有限公司总经理李忠等参会专家从不同角度论证了丰台园建设商务花园的可行性。虽然商务花园这一方案整体上得到了专家们的肯定，但是对于一些细节问题还存在一些分歧，如对于引进的目标企业的规模类型有待进一步商榷，其中威格斯给出的最早定位是聚集一批成长型的中小企业，但是中小企业的购买能力以及聚集效益还不足以支撑起商务花园庞大的空间供应；而如果定位于大企业的办公、研发与商务环节，从有限的大企业目标客户中获得足够多的资源则成了新的阻碍。为解决这一问题，则需要继续寻找新的理论支撑。

接下来，为解决大企业对商务花园的需求以及满足需求所需要的条件，丰台园启动"大企业入园环境需求调研"课题。在课题竞标会上，丰台园发现了"总部经济"这一经济形态可以为丰台园所采用。为深入论证商务花园与总部经济结合的可行性，一方面，丰台园对企业总部选址需求展开理论研究，研究表明商务花园与CBD、中关村相比，在地域、环境、价位等方面具有差异性，正好符合企业总部选址的差异化需求。另一方面，委托北京市社科院对在北京的100家大企业选址需求进行实证调研，调研结果显示大部分企业已经是总部与生产基地"两头分离"的局面，且90%的企业对商务花园这种形态表现出浓厚的兴趣。

依托于各种分析和调研，丰台园证实了商务花园与总部经济的契合性，进而确立了"中关村（丰台）总部基地"的整体定位，并以"总部基地"这一品牌进行大规模的宣传推广，强化总部基地和总部经济在政府、企业界、学术界产生的影响力。

3. 丰台科技园具有发展总部经济的优势

丰台科技园是中关村国家自主创新示范区最早的"一区三园"之一。经过20多年的发展，丰台科技园已成为丰台区最核心的城市产业功能区，北京市发展高新技术产业的重要基地和全国知名的总部经济聚集区。丰台科技园能够率先在全国规划建设总部基地，既是丰台科技园前瞻性决策的正确，也是基于当时的丰台科技园具备了发展总部经济的条件与优势。

丰台科技园的二期总部基地具有良好的区位交通条件，当时被人称为"丰台金角"。总部基地紧邻四环，其距离市中心天安门直线距离仅12公里，当时抵达顺义的首都国际机场仅需30分钟。随着北京五坏、六环的建设，丰台科技园总部基地就处于北京的环路中心地带，可成为北京环路经济带的中心。从四环沿线来看，当时东四环受CBD辐射形成沿线办公区，南四环是以亦庄为代表的工业产业集中区，西四环是中关村商贸科研的集中区域，而东南四环的总部基地环线畅达，交通发达，东有京开高速、京津塘等高速公路干线，毗邻国际汽车城，西有京石、京良等重要公路。南有大型人居社区，北有北京西站，能快速到达京广、京九等铁路干线。

丰台科技园经过一期的开发建设与产业聚集，已经形成了良好的产业基础，产生了大量的企业商务活动需求，为二期总部基地聚集高端企业资源、发展商务办公等业态奠定了良好的基础。丰台是北京高智力密集区之一，具有"航天城"之称。全区聚集了中央 60 多家应用技术科研院所和院校，为总部基地提供了良好的人才支撑。丰台区拥有永定河、卢沟桥、宛平古城、世界地热博览园等生态文化资源，生态环境优越，对总部企业办公具有很强的吸引力。此外，丰台科技园自提出总部基地建设理念后，虽因"非典"疫情取消了发布会，但通过新闻直播、参与北京国际科技产业博览会等形式大力宣传推广，使得总部基地深入人心，总部基地从此在北京四环东南角像一颗璀璨的明珠冉冉升起。

二、总部基地的规划与建设

1. 总部基地开发建设模式

总部基地项目位于丰台科技园东区二期用地内。吸取第一阶段以政府为主的开发模式带来的经验教训，丰台科技园总部基地采用以企业为主体的开发建设模式，2002 年 5 月 25 日，中关村科技园区丰台园管理委员会直属企业北京丰台科技园建设发展有限公司，联合英国道丰国际集团及北京道丰数码园开发建设有限公司，共同成立中关村丰台园道丰科技商务园建设发展有限公司（以下简称"丰台园道丰科技公司"），负责丰台总部基地的前期开发建设以及后期管理运营。在具体操作中，按照"工作与生活和谐、科技与文化和谐、景观与建设和谐"的原则，遵循"园林式、低密度、低层次"的人性化建设理念，采取市场化开发建设模式对总部基地进行统一规划、统一设计、统一建设、统一招商。

2. 总部基地总体规划

总部基地以科技大道划分为东西两区，总占地面积 65 公顷，总建筑面积 140 万平方米，总投资约 120 亿元，开发建设期限为 3～5 年。规划建设独栋式总部楼宇 500 余座（西区 303 栋），每栋面积 1200～6000 平方米；金融广场（总部广场）6 万平方米；商业配套设施约 12.5 万平方米；总部小公寓共千余套，每套面积约 30～50 平方米。总部基地致力于打造一个总部企业聚集，集办公、研发、产业于一体的总部经济新区，与中关村、CBD、金融街互利互补，共同构筑北京大总部经济区。

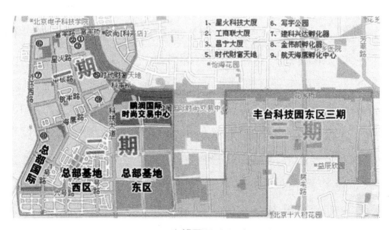

图 3－1　总部基地空间布局图

3. 总部基地一期开发建设进程

市场化的项目运作模式一方面减轻了政府的财政压力；另一方

面大大加快了园区主体楼宇的开发建设进程，在半年时间内总部基地一期85栋总部楼实现封顶。2003年6月19日，中关村（丰台）总部基地正式奠基，北京市、丰台区领导和相关企业、银行界600余人参加了总部基地开工典礼。7月5日，中关村（丰台）在北京新世纪饭店举行了首次招商会，300余家高科技中外企业到会，洽谈入驻总部基地事宜，其中15家企业初步确定了入驻总部基地意向，对于推动项目开发建设起到了良好的带头作用。7月16日，中国建设银行北京分行与丰台园道丰科技公司在北京国际俱乐部饭店签订了10亿元人民币的贷款支持协议，用于支持总部基地的开发建设，为中关村总部基地注入雄厚的资本基础。

8月10日，总建筑面积1000平方米总部基地招商中心正式建成并投入运营。8月18日，一区A8号楼顺利通过基础验收，工程进度达到出正负零的标准，开始打桩建设地上楼体。随后二区、五区、六区均出正负零，实现地上楼体施工。9月20日，一期工程一区A8楼封顶，进入外装修阶段，也是总部基地首个总部楼封顶。10月1日，在北京市政府的支持下，总部基地的有关证件《建设用地规划许可证》《建设工程规划许可证》《建筑工程施工许可证》《国有土地使用证》《北京商品房预售许可证》已办理齐备。12月18日，在保质、保量的前提下，总部基地一期85栋总部楼全部封顶，开始进行室内安装及景观绿地的建设施工。此时总部楼宇全部销售完毕，80多家企业签署了正式入驻合约，并在2004年5月底前按合约准时入驻。在一期总部楼封盘之际，总部基地已开始进行二期总部楼的认购工作，项目进展较为顺利。

在部分总部楼宇建成之时，配套服务以及配套设施建设也在稳步有序推进。2004年1月2日，北京道丰总部物业管理有限公司（简称"总部物业"）正式成立，着力为入驻企业打造交流互动、资源共享的总部平台。2004 年 6 月 19 日，在总部基地奠基一周年庆典举行之际，北京南城第一个五星级酒店——高级总部商务区，总建筑面积 12 万平方米，开始全面规划建设；总部基地 15 个总部会所也同时进入规划设计阶段，以较为前卫的设计理念体现总部基地的独特性。2005 年 7 月 21 日，总建筑面积 1200 平方米的总部基地大讲堂落成、投入使用。

超前的规划设计理念、大规模的宣传推介活动、统一的规划及招商安排等使得总部基地一期取得了较大的成功，为后续总部基地二期的顺利推进打下了良好的基础，从而吸引越来越多的总部企业聚集，为促进区域经济发展不断注入活力，形成了北京又一个总部经济聚集区。

总的来看，与丰台园一期相比，丰台园二期总部基地的开发建设有以下四个明显的转变：一是规划设计理念的转变，一期更加强调经济效益，却忽视了整体环境效益的营造；而二期更加重视经济效益与环境效益的结合。二是开发方式的转变，一期采用各自为政的单块开发建设；二期则采用集中有序的统一开发。三是产业选择的转变，一期打造成为传统的制造业基地，没有明确的产业规划；二期致力于建设成为集中试、研发、办公、商务为一体的综合产业区。四是管理模式的转变，一期采用传统的政府管理模式，二期则采用以企业为主的管理模式。

专栏：总部基地重点项目及联盟

（1）总部广场。总部广场是总部基地代表性建筑，地处北京总部基地核心区，总建筑面积约 65116 平方米，于 2008 年开工建设，由 5A 甲级写字楼、商业裙楼、ABP 文化中心、时尚会议中心等多元业态组成，是北京总部经济区首个地标级商务办公综合体，是总部基地商圈最成熟、四环畔唯一的全功能时尚商务办公中心，目前总部广场已吸引渤海银行、厦门银行等40余家金融投资类企业以及星巴克、依文时尚广场等知名商业机构入驻。

总部广场示意图

（2）总部壹号。总部壹号总建筑面积约4.96万平方米，由4座高层商业独栋组成，集总裁办公、高端商务办公、社交等多重功能于一体，是北京总部基地商务办公的巅峰之作。

总部壹号示意图

三、特色企业总部聚集

为加快京内外总部企业聚集进程，2003年12月1日，总部基地在沈阳、山西、温州、宁波开设了招商处，提供招商咨询等服务，为外省市成熟型企业顺利入驻总部基地创造了便捷条件。总部基地经过一年多的开发建设，于2004年6月迎来了第一家入驻企业新融友联，新融友联的入驻拉开了总部企业入驻的序幕。随后中华通信、中国汽车技术研究中心、世纪卫星、建龙钢铁、鹿王羊绒、中联动力、北京电力、中电投集团等一大批京内以及湖北、河南、浙江、山西、陕西、天津、内蒙古等京外企业争相落户总部基地。总部基地西区303栋楼房被200多家大型总部企业瞬间"瓜分"，在全国范围内引起广泛关注，总部基地的品牌知名度不断提高。

总部基地在后续管理运营过程中，以满足入驻企业需求为出发点，形成了以服务总部企业为核心的促进总部经济发展的政策体系，凡入驻总部基地企业，符合科技园条件的均享受中关村科技园优惠政策，企业经营所得税减按15%税率征收；构建了以总部文化论坛、总部广场等为平台的总部文化体系，吸引了玛雅岛酒店、资和信百货、莱品酒窖、金融港公寓和万达广场等一批高端商业配套企业以及万科西华府、中海9号公馆、怡海花园等一批高端住宅项目，为总部企业的发展营造了良好的产业发展环境。

　　经过十多年的管理运营，目前总部基地形成了三大总部集群以及五大中心，三大总部集群为以中国铁路、中国诚通、中国通用为代表的国有大型企业总部群，以建龙钢铁、德龙钢铁、旭阳控股为代表的地方进京企业总部群，以中牧实业、博奇环保、中成进出口等为代表的上市公司总部群；五大中心为企业决策管理中心、科技研发中心、财务结算中心、资本运营中心和市场营销中心，使得丰台园逐步成为国内最具活力的企业总部聚集区。

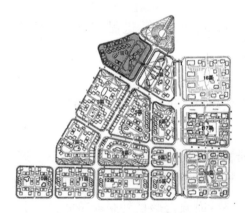

图 3-2　总部基地空间布局图

表3-2　总部基地代表性入驻企业

区域	入驻企业名称	业务领域
1区	中国中金科技股份有限公司	全球工业原材料采购供应商
	北京铁道工程机电技术研究所	主要从事铁路机车、车辆、动车组、城市轻轨等专用设备和环保节能产品、电子信息工程以及机车配件的研制开发，是我国轨道交通设备及配件研制领域的领跑者
2区	北京建龙重工集团有限公司	是一家集资源开采、钢铁冶炼、船舶与装备制造于一体的大型企业集团
	中国汽车技术研究中心	协助政府开展汽车行业标准与技术法规、产品认证检测、质量体系认证、行业规则与政策研究等研究工作
3区	长城汽车股份有限公司	中国规模最大的民营汽车制造企业
	北京北方星空科技有限责任公司	从事指挥控制、火力控制、专用计算机等领域信息化产品的策划、论证、开发和设计
5区	北京凯德思达生物技术有限公司	集药品研发、销售推广与代理于一体的高科技企业
	北京思维鑫科信息技术有限公司	国内领先的专业铁路列车运行安全控制设备制造商和服务提供商
6区	中国诚通控股集团有限公司	国务院国有资产监督管理委员会监管的大型企业集团，总资产600多亿元，在全国各地拥有百余家子企业，拥有5家上市公司。主营业务为资产经营管理，综合物流服务，生产资料贸易等
	武桥重工集团股份有限公司	集设计、制造、安装、施工、检测、服务为一体的科技管理型公司

续表

区域	入驻企业名称	业务领域
7区	中国吉运集团	集融资租赁、汽车销售、销售和汽车配件、维修、文化娱乐等为一体的综合性企业集团
	山东三融实业有限公司	集环保、新能源、投融资为一体的集团公司，独资、控股的子公司10家
8区	河北邢台晶牛玻璃股份有限公司	以生产经营浮法玻璃、压延微晶板材、浮法在线镀膜玻璃及玉晶石等高新技术产品为主的大型跨国集团公司
	中牧实业股份有限公司	动物生物制品、饲料、饲料添加剂和畜牧业生产资料贸易以及相关产品的进出口贸易
9区	中国质量认证中心	依托产品认证、管理体系认证和认证培训业务，着力开展节能、节水和环保产品认证工作
10区	烟台龙源电力技术有限公司	主要从事电力、冶金、石化、航天航空领域燃烧控制设备及系统的研究开发、设计制造、现场调试、人员培训、技术咨询等业务
	北京英博电气股份有限公司	致力于电能质量的检测分析及方案设计，元器件研发生产及系统集成的高新技术企业，是国内电能质量治理领域的先行者
11区	乾元浩生物股份有限公司	集生产经营、贸易服务、科技开发和投融资为一体的农牧业大型中央企业，形成了动物保健品、动物营养品、农牧业生产资料、大宗国际贸易以及专业农场等支柱产业和畜牧产业上中下游完成的产业链条
	北京滨松光子技术股份有限公司	以无线通信、计算机网络为专业方向，致力于无线通信技术与产品的研究与开发以及前瞻技术的突破与应用，为用户提供网络通信的整体解决方案

续表

区域	入驻企业名称	业务领域
12 区	聚光科技（杭州）有限公司	专注于环境和安全检测领域，提供全面的分析技术和信息管理解决方案
	北京华夏建龙矿业科技有限公司	集矿山采选技术研究、矿产资源勘查、矿山设计、矿山投资开发、矿产品加工、销售于一体的集团化企业
15 区	传化集团有限公司	中国知名的多元化民营企业集团，主要业务领域覆盖化工、物流、产业和投资
	北京四维三合信息技术有限公司	专注于行业信息位置服务，采用自主知识产权的业内最先进的信息引擎技术，建设中国最大的信息服务门户网站，提供最全面的行业信息服务
16 区	甘肃建新实业集团	以矿产资源投资、开发、经营为主的国际化企业集团，集团现下辖50余家分子公司
	江苏双登集团有限公司	中国阀控密封电池及电源领域的龙头企业，立志于发展为具有全球竞争力的国际一流蓄电池及电源企业
17 区	泛华建设集团有限公司	创建了城市发展和建设领域独树一帜的泛华品牌，在城市发展经营理念、运营模式创新和建设领域系统整合等都具有相当规模和比较优势
	中国航天科工信息技术研究院	是航天科工集团公司武器装备测试与综合保障技术中心，主要从事小行星、行星应用、信息技术等领域的技术研究、产品研制及产业化工作
18 区	北京鼎汉技术股份有限公司	主要业务包括轨道交通信号智能电源系统、轨道交通电力操作电源系统、一体化机房等相关产品的研究、生产、销售与技术支持服务业务等
	徐州燃控科技股份有限公司	主要从事电站、石化、冶金、垃圾处理、新能源等行业的燃烧及控制技术研发，产品设计制造，设备成套、销售与技术服务，涉及新能源、新材料、节能环保等高新技术领域，在企业规模、技术水平等方面均占据行业主导地位

四、丰台总部基地实践的影响

1. 丰台总部基地取得的成就

丰台总部基地作为中国首个成功的总部经济示范区，凭借总部产业、浓厚的商业氛围、便利的交通网络等基础优势条件，已经成为继 CBD、中关村、金融街之后的北京第四极城市办公新中心、成为丰台园区以科技创新为特色的高新技术总部经济集聚区，打造了丰台区过去 20 年以来最具特色的区域品牌形象。目前，丰台总部基地已经聚集起 500 余家符合首都经济发展定位的科技型企业总部，85% 以上为高科技企业，多集中在电力、金融、航天、通信等行业，大多为行业龙头，汇聚了 10 万高端人才，每年可创造上万个就业机会，以占丰台区不足 1% 的土地，贡献了 1/3 的地区增加值以及 25% 的地方财政。

2. 丰台总部基地实践影响

总部基地带来的影响主要集中在以下几个方面：

一是总部基地是对总部经济这一新兴经济形态的首次成功实践，是总部经济理论的具体体现，是发展总部经济的基础及平台，是聚集大量企业总部的总部之家。以总部经济为支撑发展起来的总部基地有利于区域科技创新能力的不断提升，总部经济的办公、研发及商务功能也只有借助总部基地才能发挥出来。

二是丰台总部基地的建设是在 2000 年前后北京功能格局重大调整这一大背景下展开的，为丰台园争取高端发展定位、构建核心功能优势、集聚高端产业资源提供了广阔的空间载体，满足了丰台区内原有的大量央企和国企就地改造升级对高品质办公空间的需求，有利于企业业务扩张与形象升级。

三是总部基地是丰台科技园在科技部提出的高新区"二次创业"思想和要求下的自我创新，是对高新区开发建设的探索与实践。总部基地的开发建设与运营管理明显区别于传统的高新区，为各地高新区的二次创业提供了一种园区建设运营的新模式，即通过统一规划、统一设计、统一建设、统一招商的模式开发高新区。

四是总部基地有利于区域经济水平的不断提升，总部基地会根据区域经济发展的要求进行各种资源建设和整合，营造有利于区域经济发展的氛围与环境，帮助区域实现产业结构的调整与升级。

3. 丰台总部基地品牌输出

北京总部基地在取得一定成效后，通过品牌输出等方式与京外乃至国外符合总部基地建设条件的区域开展合作，将总部基地成功建设经验不断输出。2009年11月18日，总部基地（中国）投资控股集团与辽宁省沈阳市沈北新区人民政府正式签约，开发建设东北总部基地，该项目是总部基地控股继北京总部基地项目之后的又一力作。之后，总部基地陆续在青岛城阳区、浙江海宁市尖山新区以及英国伦敦泰晤士河北岸的皇家阿尔伯特码头等国内外地区打造总部基地项目。

（1）东北总部基地。基地位于沈阳市沈北新区，于2010年7月全面启动。东北总部基地分为西区企业城、中区生态城和东区蒲河岛三大区，投资总额为200亿元人民币，首批建设的西区和中区占地约500公顷，总建筑面积约1030万平方米。目前，总部企业区已建成400余栋总部楼，吸引超过200家企业入驻。东北总部基地是在充分总结和归纳北京总部基地成功实践的基础上，打造的全国第一个系统化、规模化、生态化、智能化、低碳节能型的产业总部聚集区。

图3-3 东北总部基地标志性建筑——总部广场

（2）青岛总部基地。基地地处青岛市城阳区，毗邻青岛流亭国际机场。项目分为国际港和企业港，总占地约130公顷，总建筑面积约210万平方米，总投资超230亿元人民币。青岛总部基地项目全部建成后约有800栋总部楼，将吸引近1000家全球高端企业入驻，可辐射周边10000家相关企业。

图3-4 青岛总部基地

（3）江南总部基地。项目位于海宁市尖山新区，总占地面积约18000亩，总建筑面积达到1000万平方米以上，预计投资将达到250亿元，将建成以总部经济为核心，兼具旅游、休闲、生活等功能的环杭州湾江南生态新城。

图3－5　江南城总部基地

（4）秦皇岛总部基地。基地共分为北戴河新区、海港区、北戴河区三个区块，分别聚集国际企业总部和民营企业区域总部、国内优秀企业总部、大型国有企业的区域总部。投资规模约为100亿元，项目采取统一规划、分步开发的模式实施。秦皇岛总部基地将在5～8年内建设成为以区域总部经济为核心，兼具旅游、休闲、生活等功能的环渤海湾生态新城。

（5）潍坊总部基地。基地位于潍坊市经济技术开发区，占地约为2000亩，总投资规模约超过100亿元，将建设成为智能化、生态型的总部经济示范园区，打造山东半岛总部企业密集布局的核心区域。

（6）伦敦总部基地（Asian Business Port）。项目位于伦敦皇家阿尔伯特码头，项目总占地约 15 万平方米，规划建筑面积约 35 万平方米，预计总投资达 10 亿英镑，伦敦总部基地定位于"亚洲商务港"，旨在吸引中国和亚洲新兴企业入驻。2014 年下半年已经开工建设，预计 2023 年全面建成，项目建成后，将成为伦敦第三大金融城，对英国经济的贡献预计将达到 600 亿英镑，并将加强亚洲和英国乃至欧洲之间的投资和经济往来。

第四章

总部基地的未来趋势研判

一、面临问题

1. 总部间缺乏合作互动机制，产业链优势有待整合

丰台总部基地在前期发展过程中，是以土地、税收等优惠政策吸引总部企业实现空间聚集。虽然丰台总部基地已经形成以中国铁路、中国诚通、中国通用等为代表的国有大型企业总部集群，以建龙钢铁、德龙钢铁、旭阳控股等为代表的地方进京企业总部集群，以中牧实业、博奇环保、中成进出口等为代表的上市公司集群，但是由于丰台总部基地产业类型较多，产业集群不是以产业的关联和内在机制为基础形成的，尚未建立产业链整合机制和企业之间互动、交流、合作渠道，导致产业离散度大、关联性不强、园区创新能力的根植性较弱，知识、信息、技术、资本等资源要素的外溢效应较差。园区发展主要依靠入驻企业数量增加和入驻企业自身的发展，受边际收益规模递减规律制约，外延扩张模式使丰台总部基地发展进入瓶颈期。

2. 可利用土地资源稀缺，发展空间受到严重制约

空间是丰台总部基地下一步发展的关键因素之一，在京津冀协同发展和北京加快建设全国科技创新中心背景下，为"高精尖"产业保障发展空间非常重要。随着入驻企业增多和受国家土地政策趋紧的影响，丰台总部基地用于发展产业和配套服务设施建设用地十分有限，发展空间不足，规模难以扩张。同时，丰台总部基地在建设之初就瞄准企业总部，不是制造业，改造提升空间不大。在"十二五"期间，随着城市的发展和扩张，中关村丰台园由原来城市边缘区变为城区，办公成本逐渐走高，城市化水平提升使得丰台总部基地提升空间承载力难度增大。此外，新一版北京市城市总体规划调整，首次转为"减量"，倒逼城市功能调整、规模控制和结构调整，进一步提高了丰台总部基地拿地成本，影响了未来丰台总部基地产业引入和发展。

3. 园区服务体系不健全，与周边区域功能缺乏联动

在丰台总部基地建设之初，位于城市郊区，面积较小，注重招商引资、硬环境建设，对于服务业要求不高。经历十多年发展，丰台总部基地人口和总部企业数量不断增多，但所需的金融、会计、信息、中介、咨询、法律、会展等现代服务业及餐饮、教育、医疗卫生、文化休闲等城市公共服务设施发展相对滞后，跟不上产业集聚和创新集聚的速度，无法支撑产业发展、帮助企业提高科技创新能力、促进产业链不同企业的合作或联合，出现了职住不平衡、潮汐式交通等城市病。同时，丰台总部基地与周边地区在公共配套功能缺乏规划统筹和协调发展机制，周边的公共服务配套难以形成对基地的服务配套和功能配套。随着丰台总部基地再次创业和城市化进程加快，丰台总部基地目前已进入"产城融合"阶段，要求以产业为先导，以城市为依托，建设产业高度聚集、城市功能完善、生

态优美的科技新城，既是园区，又是城区；既有产业，又有城市，使园区经济在空间实体和经济形式下与城市融为一体。在这种背景下，丰台总部基地亟须立足现有资源，整合园区及市级资源，健全公共服务体系、企业服务体系、创新服务体系、资本服务体系及社区服务体系。

4. 管理协调机制尚未建立，政策实用性不强

目前，总部经济是由北京的发改委、商务委等相关职能部门负责管理，但由于缺乏统一的管理机构、政策执行机构及相应事务办理流程，部门间协调难度较大，导致总部基地的发展受到严重制约。从目前已发布的总部经济政策来看，主要针对跨国公司总部、国内知名企业总部政策较多，缺乏民营企业总部的相关优惠政策，难以反映当前民营企业向大城市迁移的趋势变化；现有政策适用对象较为笼统，对行业性总部缺乏系统性的研究，对国外、国内等不同类型企业总部，及研发类、结算类、管理类、营销类等不同职能总部针对性不强。

二、新环境与新趋势

当前，国内外宏观环境更加复杂，从国际来看，世界经济正在经历深度调整，已经走到关键当口，新一轮科技革命和产业变革势头正起。区域间合作方式走向多样，合作程度逐渐加深，中国等新兴市场依然是全球经济的主要增长点；从国内看，我国正处在全面深化改革的关键时期，供给侧结构性改革稳步前推，成效初显。移动互联网、物联网、云计算等新一代信息技术快速发展，新经济业态快速发展。这些国内外宏观环境的变化构成了我国总部经济发展

新背景，对总部基地也将产生重要影响。

1. 全球经济格局加速调整，总部企业面临新的投资环境

金融危机后，世界经济进入深度调整期，新的国际竞争秩序正在建立，越来越多的总部企业寻求境外投资机会。2016 年前三季度中国内地企业海外并购交易数量和金额均实现显著增长，交易数量达到创纪录的 671 宗，几乎是去年全年交易数量的两倍；交易总金额逾 1600 亿美元，其中单笔金额超过 10 亿美元的大额交易逾 30 宗。以中关村为例，2015 年中关村企业加快海外布局，瞄准国际创新前沿，通过在海外设立研发中心、与境外科研机构开展研发合作等方式在全球范围配置高端创新资源，如百度硅谷研究院、北汽新能源硅谷研究院等一批研发中心相继在硅谷成立①。

随着总部企业境外投资步伐的加快，我国总部企业国际化发展呈现出一些新特征：一是从投资目标区域来看，总部企业由早期主要向欠发达国家布局向发达国家布局转变，北美和欧洲等成熟市场成为中国大陆企业海外并购的最重要目的地；二是从投资领域来看，由原来主要投资生产基地逐步向研发等高端环节拓展，高科技行业受到投资者的重点关注，在 2016 年上半年 20 宗最大交易中，超过 1/3 的标的（或买方）是来自科技行业，房地产和金融服务业（包括金融科技）也颇受欢迎；三是从发展模式来看，我国对外投资已从传统的在境外设立贸易公司发展到积极融入全球创新网络，在境外建立研发中心或通过并购等方式开展高新技术和先进制造业投资；对外承包工程已从最初的土建施工向工程总承包、项目融资、设计咨询、运营维护管理等高附加值领域拓展。这些都成为推动总部企业对外投资合作快速发展的新动能。

---

① 中关村指数 2016。

2. 国家区域发展战略不断升级，总部企业面临新的空间环境

为协调区域发展，自 20 世纪 90 年代末，国家相继提出了"西部大开发""振兴东北老工业基地""中部崛起"等发展战略。当前，我国经济发展进入新常态，京津冀协同发展、"一带一路"以及长江经济带等发展战略成为"十三五"时期我国区域经济协调发展的重点。京津冀协同发展是 2014 年初习近平总书记提出的旨在有序疏解北京非首都功能，实现三地协同发展的区域发展战略，并逐渐上升为国家战略。京津冀协同发展实质是两市一省在京津冀地区内实现功能重构与联动，促进区域内生产要素有序流动和优化配置，弥合区域间发展差距，形成以首都为核心的世界级城市群。

空间是经济、社会、资源环境、基础设施等要素条件的载体。伴随新一轮区域发展战略的调整，区域投资环境、创新创业环境以及区际交通条件的逐步改善，一些具有产业基础和区位优势的新兴区域中心城市对总部企业的吸引力将不断增强。

3. 供给侧结构性改革着力推进，总部企业面临新的要素环境

我国经济发展新常态的主要问题既有需求侧的，也有供给侧的，矛盾的主要方面在供给侧。2015 年末，中央提出的供给侧结构性改革已经成为当前及未来经济社会改革的着力点。供给侧结构性改革，重点是解放和发展社会生产力，用改革的办法推进结构性改革，减少无效和低端供给，扩大有效和中高端供给，增强供给结构对需求变化的适应性和灵活性，提高全要素生产率①。过去的调控侧重于需求侧，主要通过税收、财政、信贷等手段来刺激需求。供给侧改革结构性问题首当其冲，通过调整生产结构和要素配置效率，提高

---

① 2016 年 1 月 18 日，习近平在省部级主要领导干部学习贯彻党的十八届五中全会精神专题研讨班上的讲话。

供给侧的质量和效率，进而激发经济增长的持续动力。

供给侧改革带来的直接影响是，要素的作用程度将有很大变化。过去支撑经济高速发展的劳动力、土地及自然资源、资本等要素条件的作用明显下滑，科技、知识、制度、人力资本等要素条件的支撑作用将显著增强。总部基地集聚了各领域企业的"指挥控制中心"，集中了研发、营销、战略管理、资本运营等企业价值链中知识含量最高的环节，集聚了各领域的优秀人才。随着要素环境的变化，未来总部经济的人才集聚程度、知识性将会进一步提高。

三、应对策略

1. 深化产学研合作对接，培育园区产业集群

深化产学研合作。与科研院所和重点高校通过签订战略协议等形式，建立以企业、大学和科研机构为核心，联合政府相关部门、中介组织、金融机构等组成协同创新委员会，管理产学研合作过程，优化产学研协同创新的内外部环境，营造产学研金联合推进技术转移转化的良好氛围。争取国家、北京市、中关村政策支持和资金支持，设立产学研合作风险基金、产学研合作奖励基金，鼓励企业与高校院所、科研院所通过技术转让、委托研究、联合攻关、内部一体化、共建科研基地、组建研发实体、人才联合培养与人才交流等多种模式推动产学研合作，采取相应措施，引导产学研合作由点对点模式向点链模式和网络模式发展。

表4-1 点对点、点对链、网络模式比较

模式	内容	优势	劣势
点对点	企业与大学或科研机构之间进行一对一合作创新	合作关系简单，合作沟通较为便利，合作目标也较为明确	受限于参与者的专业能力和资金实力，点对点模式适用于单元技术的研发，难以支撑涉及多个技术领域的科技攻关，也较难实现产业共性技术的关键性突破
点对链	一个企业与若干个学术机构或一个学术机构与若干个处于同一个产业链或供应链上的企业进行的合作创新	单个企业或单个学术机构多数情况下一般会围绕特定优势组合起相应的研发团队或产业化团队，既有对单元技术的研发，也可进行集成创新；既有利于强化特定单位的特定技术优势，也有利于产业界和学术界的优势互补	点对链模式对单个企业的资金实力和技术实力，以及单个大学、科研机构的科研能力均有较高的要求
网络	某个行业内或供应链上的多个企业、高校、科研机构共同参与的合作创新	合作网络中的每个成员通过交流、学习和合作，互通有无，并从合作网络中分享收益，将技术能力提升到仅依靠单个成员努力难以达到水平。在网络模式下，产学研合作规模大，实力较强，既可以在产业领域内打造完整产业技术创新链，也可跨行业跨领域集成创新	网络模式涉及成员较多，企业、高校、科研机构是不同性质的互补组织，而企业成员之间又存在竞争关系，因此，组织结构和合作关系都很复杂，管理难度较大，管控成本较高。需要牵头单位有相当的实力和影响力，还需要一定的管控水平和服务意识

培育园区产业链。丰台总部基地瞄准产业链和价值链的高端环节，落实北京市、中关村、丰台区产业战略要求，以入驻的总部企业为龙头，按照"求差、找点、补链"的原则，引进集聚一批配套关联企

业，逐渐形成具有上、中、下游结构特征的产业链，加强产业横向联系和纵向联系。创造优越的政策环境，通过举办国际活动获取行业最新的技术前沿和技术进展情况，推动产业集群内领先企业逐渐关注全球价值链的高端环节，放弃或弱化非核心功能，不断提升企业竞争力，吸引集群内其他企业纷纷跟进和模仿，推动集群整体产业活动基于全球价值链的垂直分离，实现全球价值链下的产业整合。

2. 加强区域协同联动，再造园区新发展空间

提高空间承载能力。过去 5 年，丰台总部基地的诺德中心、汉威广场、三洲产业园等重点项目加快推进，新增建筑面积达百万平方米。未来，中关村丰台总部基地可加强国家知识产权专利审查协作中心、海格通信产业园等重点项目建设，调整新增空间控规，加快产业空间释放。同时，长辛店生态城获批，并正在先导区先期启动国际环保科技创新区、绿色建筑产业聚集区两个项目，总建筑面积约 40 万平方米，将为丰台总部基地提供高品质的产业发展空间。

加快模式输出建设分园。围绕京津冀协同发展战略、一带一路等，结合中关村发展集团区域合作战略和布局，根据各地区产业环节比较优势和创新链中的不同位势，重点加强保定满城等拥有一定基础的重点园区合作，为企业发展进一步提供发展空间。如 2015 年 7 月 18 日，丰台区与河北省保定市产业园签订合作共建协议，中关村丰台园在保定满城经济开发区创建新园，总规划面积 24.37 平方千米，成立仅 4 个月，已有中国航天科技集团、中国纺织研究院、北京华源泰盟节能设备有限公司等 10 多家公司入驻。

3. 营造良好发展环境，完善总部基地服务体系

加强配套设施建设。结合总部企业需求，完善丰台总部基地内部及周边高端酒店、会议会展等配套设施，形成布局合理、功能超前、设施完备、具有国际水平的配套设施体系。一是合理搭配功能

设施，完善丰台总部基地现有的会展中心、酒店餐饮、休闲娱乐、教育医疗等商务与生活配套设施，提高服务档次和质量。二是加强与丰台总部基地规划衔接，推动产业联动、功能联动、交通联动、机制联动，强化与周边区域商业、文化、休闲、娱乐、居住、交通等配套服务设施的差异定位与功能互补。例如，可充分利用丰台总部基地周边玛雅酒店、国美广场等配套设施，逐步改善丰台总部基地商务配套设施功能不足和职住不平衡的问题。

完善科技服务体系。总部经济与生产性服务业是紧密联系、互为促进的，据北京市社会科学院中国总部经济研究中心对全国300家企业总部的调研显示，有57.9%的总部企业有金融服务需求，42.6%的总部企业有会计审计服务需求，37.4%的总部企业有法律服务。可见，丰台总部基地在发展总部经济的同时，也要大力发展为高端总部提供服务的生产性服务业。通过整合中关村服务资源，以服务中关村丰台总部基地、北京市产业发展为目标，重点发展信息服务、法律服务、会计服务、成果转化等服务业，促进总部企业与服务业之间的融合渗透，提升丰台总部基地功能提升。

4. 创新管理体制机制，增强总部经济竞争力

近年来，北京相继出台了《关于促进总部企业在京发展的若干规定》《关于鼓励跨国公司在京设立地区总部的若干规定》等政策措施，最近，正结合京津冀协同发展等战略，修订完善总部经济发展的政策，从资金奖励、人才引进、服务保证等方面制订强有力举措落实京津冀协同发展，支持在京总部企业增资本、扩功能，提能级，鼓励跨国公司在京设立区域总部以及研发设计中心、运营中心、结算中心等职能部门。未来，丰台总部基地等要在完善管理体制机制、政府服务等方面加大工作力度，强化丰台总部基地服务，以不同企业需求为出发点，为总部企业的发展提供个性化、"一站式"的服务。

第二篇

02

创新进行时：从总部经
济到零工经济的跨越

第五章

新经济的冲击

一、互联网经济

一项重大的发明成果并不必然引起技术革命，只有该成果使整个经济产生创新集群才属于本质上的技术革命。[1] 互联网是人类最伟大的发明之一，改变了人类世界的空间轴、时间轴和思想维度，是第五次技术革命[2]中最重要的技术成果。20 世纪 90 年代初，依托于互联网的商业网络开始发展，许多商业机构介入互联网，在通信、资料检索、客户服务等方面显示出巨大的潜力。互联网发展一度进入狂热期，一批举足轻重的互联网企业相继诞生。根据佩蕾丝的"技术—经济范式"，世界范围内的第五次技术革命自 2000 年以来进入"展开期"，以信息技术、互联网、搜索引擎、社交网络等技术取

---

[1] 卡罗塔·佩蕾丝：《技术革命与金融资本——泡沫与黄金时代的动力学》，田芳萌译，中国人民大学出版社 2007 年版。

[2] 第一次技术革命：工业革命；第二次技术革命：蒸汽和铁路时代；第三次技术革命：钢铁、电力和重工业时代；第四次技术革命：石油、汽车和大规模生产时代；第五次技术革命：信息和远程通信时代。

得飞速发展①。随着技术、产品、业务、市场和组织的各自融合趋势不断加强，互联网经济的发展也逐渐走向成熟。

互联网经济是一个多维概念，表现形式丰富。约翰·弗劳尔（John Flower）最先提出互联网经济，但目前对于互联网经济的定义还没有明确统一的界定。本质来看，互联网经济是利用网络进行信息、技术、知识等资源的分配、生产和消费的经济形势。互联网经济的主要表现形态主要有五种：电子商务、即时通信、互联网金融、搜索引擎和互联网娱乐。②

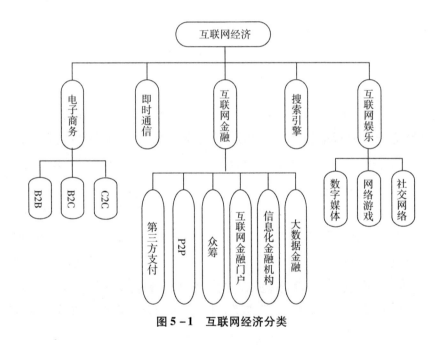

图 5-1　互联网经济分类

----

① 同①.
② 孙宝文：《互联网经济——中国经济发展的新形态》，经济科学出版社 2014 年版。

我国自 1994 年全功能介入互联网以来，已发展成为世界互联网大国，互联网市场不断做大，许多新技术、新产品、新业态、新模式应运而生，同时创造了上千万个就业创业岗位。电子商务是互联网经济的典型代表，2015 年，中国网购用户规模达到 4.13 亿①，网购总额达到 3600 亿美元。数据显示，互联网经济在我国 GDP 中的占比持续攀升，2014 年达到 7%②。一份来自麦肯锡全球研究所研究报告显示：到 2025 年，中国互联网经济的总体规模将占 GDP 总体份额的 22%。

2015 年初，"互联网 +" 战略上升为国家战略，出台《关于积极推进 "互联网 +" 行动的指导意见》《关于贯彻落实 < 国务院关于积极推进 "互联网 +" 行动的指导意见 > 的行动计划（2015 - 2018 年)》等政策文件。我国的互联网经济实现更高水平发展，迎来了历史性机遇。未来，互联网会在刺激商业模式创新、加快组织模式创新、优化消费结构、推动转型升级等方面更加深刻地影响我国经济社会发展方式。

二、平台经济

近年来，平台经济成为新经济的引领者。平台经济的产生是经济环境愈加复杂化和多样化的必然结果。首先，需求从单一化、标准化、功能化向多样化、个性化、体验化转变；其次，竞争由单点竞争升级为生态竞争，由地域竞争演变为全球竞争；第三，创新从

---

① 中国互联网络信息中心（CNNIC）发布《第 37 次中国互联网络发展状况统计报告》.

② http://news.qq.com/a/20151210/023421.htm.

临时性、单一性向常态化、协作化转变；第四，空间独立性逐渐减弱，而网络链接性逐渐增强。复杂多变的经济环境因素，驱动企业行为作出快速响应和变化，通过资源横向整合与价值链纵向共享，推动空间和组织的演变，从而催生平台，进一步创新商业模式，推动平台经济发展。

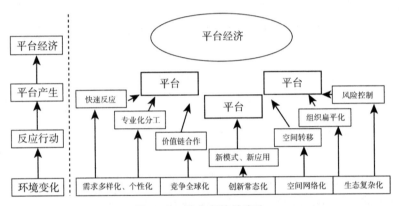

图 5-2 平台经济的产生

平台经济是以云计算、大数据等新一代信息技术为基础，通过平台将相互依赖的不同群体集合到现实或虚拟的空间场所，引导或促成多方群体之间高效互动，形成新的经济生态系统，通过这些平台经济活动，实现市场信息的集聚和交易的集中，最终创造经济价值。平台是借助数字化创造的，是一种真实的虚拟空间。① 在这一体系中类似于基础设施，为该系统提供基础服务和调度资源，如淘宝网向平台上的商家提供"计算能力、交易流程、服务标准、信用体系、用户体系"等服务。用户基数（群体成员数量）是平台经济快速发展的先决条件。只有在达到一定用户基数后，平台的指数级

---

① 尼葛洛庞帝：《数字化生存》，胡泳、范梅燕译，海口出版社 1997 年版。

增长才会成为可能。网络的外部性决定了平台的指数级增长趋势，远远超出了依赖规模经济成长的企业。

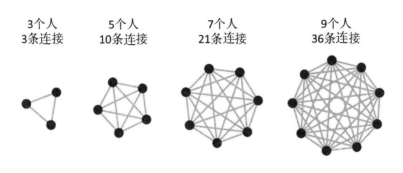

图 5 - 3　梅特卡夫定律

平台经济已经成为全球经济中的重要力量，越来越多的平台型企业迅速崛起。哈佛大学托马斯·艾斯曼研究发现：全球最大的 100 家企业中，有 60 家企业的主要收入来自平台商业模式。根据美国美国"网络女皇"分析师玛丽·米克尔发布的《2015 年全球互联网趋势报告》显示，截至 2015 年 5 月，从市值来看，平台型公司占据了全球互联网公司的前 15 位，总市值接近 2.5 万亿美元，是 1995 年 15 大公司总市值的 144 倍。阿里零售平台从 0 到 3 万亿人民币仅用了 13 年，而沃尔玛则用了 54 年。平台的力量可见一斑。我国的平台经济也处在快速发展阶段。阿里巴巴、百度、腾讯、京东、小米等平台型企业快速崛起。阿里巴巴上市首日市值超过 2300 亿美元，与中石油市值相当，然而前者的经营收入仅仅为后者的 1/10。平台经济也在迅速向传统领域蔓延，推动传统企业转型升级。目前苏宁、海尔等国内知名企业开始实施向平台型企业转型的战略调整。

表5-1 全球互联网公开市场领先者

全球互联网公开市场领先者(上市公司)=
苹果/谷歌/阿里巴巴/Facebook/亚马逊/腾讯……

Rank	Company	Region	2015 Market Value ($B)	2014 Revenue ($MM)
1	Apple	USA	$764	$199,800
2	Google	USA	373	66,001
3	Alibaba	China	233	11,417
4	Facebook	USA	226	12,466
5	Amazon	USA	199	88,988
6	Tencent	China	190	12,727
7	eBay	USA	73	17,902
8	Baidu	China	72	7,909
9	Priceline	USA	63	8,442
10	Salesforce.com	USA	49	5,374
11	JD.com	China	48	18,543
12	Yahoo!	USA	41	4,618
13	Netflix	USA	38	5,505
14	LinkedIn	USA	25	2,219
15	Twitter	USA	24	1,403
16	Yahoo! Japan	Japan	23	3,441
17	Rakuten	Japan	23	4,996
18	NetEase	China	19	1,889
19	Naver	Korea	17	2,527
20	Vipshop	China	15	3,774
Total			$2,513	$479,939

@KPCB Source: CapIQ, 2015 market value data as of 5/22/15.
Note: Colors denote current market value relative to Y/Y market value. Green = higher; Red = lower; Purple = newly public within last 12 months.   174

平台经济具有极强的创新性、极高的成长性和极大的市场适应性,对推动创新驱动发展、企业迅速成长和产业转型升级都将起到巨大的作用。首先,平台经济能够促进中小企业创新。平台系统能够利用平台这一"基础设施"使中小企业直接有效地面向终端市场,缩短流通渠道和流通时间,积累用户数据,整合市场信息,更精准地帮助中小企业实现产品创新、营销创新和组织创新。此外,中小企业可以利用云平台进行研发,降低创新成本,提高研发效率。其次,平台经济推动就业重构。互联网平台的出现使得交易成本降低,对于从业者而言,意味着跨越企业边界的协作成为可能,即他们发挥自我能力、实现自我价值不再完全依附于企业,自由工作者群体正在不断增加。最后,平台经济推动组织演变。平台经济进一步消解了信息障碍,市场顺势而变,原先组织中的利益相关者在合约层面趋于平等，权利和义务的关系日益平等，合伙人制度、协同创业制度等新制度应运而生，最终推动组织的变革。

三、分享经济

分享经济的兴起与发展绝非偶然，而是经济、技术、信息、文化等多种因素综合作用的结果。工业革命带来了商品和信息的极大丰富与繁荣，也使拥有经济得到了巨大发展，直到最近十年，物品不断丰裕的同时也出现了造成诸如交通道路、房屋空间、闲暇时间等资源短缺甚至匮乏①。人们逐渐认识到：每个人已经拥有不少的物品，但不可能拥有这么多物品，而且由于人的无限欲望，资源特性及"瓶颈"，资源无限量索取显然不可实现。分享经济的发展还要依托现代信息技术的快速发展。其中，互联网尤其是移动互联网是分享经济发展的首要条件。此外，云计算、大数据、物联网、移动支付、基于位置的服务（LBS）等技术及其创新应用的快速发展，使分享经济成为可能。

---

① 马化腾：《分享经济：供给侧改革的新经济方案》，中信出版社 2016 年版。

图 5 - 4　分享经济的驱动力

分享经济已经成为当下一种新经济形态、新商业范式和新消费
发展理念。工业社会强调生产和收益最大化,崇尚资源与财富占有;
信息社会强调以人为本和可持续发展,崇尚最佳体验与物尽其用。
分享经济集中体现了新的消费观和发展观。① 当前对分享经济的内
涵众说纷纭,使用但不占有,是共享经济最简洁的表述。究其本质
是在不增加汽车、房屋等存量资源总量的前提下,通过"人人帮助
人人"的分享模式提高存量资源的配置效率和使用效率。其内涵不
外乎三个核心要素:广泛且潜在的需求、规模可靠的资源供给、互
联网信息技术平台。

---

① 2016 年 2 月 28 日,国家信息中心信息化研究部、中国互联网分享经济工作委员
会联合发布:《中国分享经济发展报告 2016》。

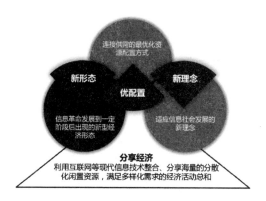

图 5 - 5　分享经济的定义与内涵

表 5 - 2　分享经济类别

类别	子类别	特征	实例
分享消费	再分配市场	限制资产再分配或售卖	赶集网、58 同城、NeighorGoods. net
	产品服务系统	付费获得商品，替代所有权概念	神州租车、Zipcar
	协作式生活方式	共享或交换限制资产，包括有形及无形资产	时间银行、Airbnb、Uber、滴滴
分享生产	协作设计	共同设计产品或服务	猪八戒网
	协作制作	与外单位合作产品或项目	Openstreetmap
	协作销售	个人对个人销售	淘宝网、Ebay
分享学习	开源课程和软件	免费开放的网络课程、讲座和其他教育内容	网易公开课、Coursera
	技能共享	人们提供货分享自身拥有的技能	技能银行
	众包知识	公开解决问题或提供知识	百度百科、知乎、维基百科

类别	子类别	特征	实例
分享金融	众筹	为项目筹集资金	众筹网
	个人对个人借贷	个人向个人借贷，资金用于投资	人人贷
	补充货币	共同使用一种非传统货币作为交易媒介	Economy of Hours
	联保	人们互绑形成自己的保险池	Bought By Many

目前，分享经济已然红遍全球，从欧美不断向亚太、非洲等地区的上百个国家扩张。拒不完全统计，2015 年，全球分享经济市场规模约为 8100 亿美元。Zipcar、Airbnb、Uber 等一批独角兽企业相继诞生并迅猛发展。以 Airbnb 为例，截至 2015 年底，已经在全球190 多个国家和地区开展业务，覆盖 34000 多个城市，拥有 200 多万个房源，超过 6000 万房客从中受益，市场估值 255 亿美元[1]。分享经济的参与人群也迅速膨胀，普华永道的乔·阿特金森（Joe Atkinson）指出：美国千禧一代（指出生于 1980～2000 年的人群）是最热衷于分享的人群，占分享经济人群的 40%；英国在 2013 年参与分享经济活动的人口占比达 64%[2]。从分享经济的渗透领域来看，最近几年，全球分享经济正进入快速扩张期，从一开始的汽车、房屋分享迅速扩张到空间、餐饮、医疗、教育、金融、物流、基础设施等多个领域和细分市场，并加速向农业、能源、生产、城市建设等更多领域渗透。美国的分享经济活动主要集中于四大业务领域，其

---

[1] 2016 年 2 月 28 日，国家信息中心信息化研究部、中国互联网分享经济工作委员会联合发布：《中国分享经济发展报告 2016》。

[2] 参见内斯塔 & 协作实验室：《正确认识英国协作经济》。

中娱乐和媒体领域的参与程度最高，达到 9%，汽车与交通领域的参与度也达到了 8%，6% 参与住宿领域，2% 参与零售领域。①

在中国，分享经济的发展也获得无限可能。李克强总理在 2016 年《政府工作报告》中两次提及"促进分享经济发展""支持分享经济发展"。拒不完全统计，2015 年中国分享经济的市场规模达到 1 万多亿元人民币（占 GDP 比例不足 1.6%）。分享领域从消费到生产，从营销策划、创意设计到交通出行、医疗保健、知识培训、餐饮住宿，分享经济已经迅速拓展到所有领域。总体来看，涉及领域主要集中在金融、生活服务、交通出行、生产能力、知识技能、房屋短租六大领域。参与分享经济的总人数已经超过 5 亿人，提供服务者约 5000 万人。预计未来 5 年，中国分享经济年均增速将达到 40%，2020 年分享经济市场规模占 GDP 的比重将达到 10%。

表 5-3　国内代表性分享平台

应用领域	代表性分享平台
交通出行	滴滴出行、易道用车、PP 租车、友友租车……
房屋短租	游天下、蚂蚁短租、小猪断则、途家网……
P2P 网贷	陆金所、红岭创投、宜信、人人贷、点融网……
资金众筹	京东众筹、天使汇、众筹网、点名时间、淘宝众筹……
物流快递	达达物流、e 快送、人人快递……
生活服务	58 到家、功夫熊、e 代驾、爱大厨、我有饭……
技能共享	猪八戒、在行、K68、时间财富、做到网……
知识共享	百度百科、知乎网、豆瓣网……
生产能力	沈阳机床厂 15 智能平台、阿里巴巴淘工厂、易科学……

---

① 参见普华永道：《消费情报系列：分享经济》。

在分享经济的冲击下，合作分享的思维方式成为商业发展的主旋律。这给整个社会的资源重构、组织重构、供需重塑，甚至治理模式都带来了巨大影响。正如罗宾·蔡斯所言，"人人共享正在推动这个工业化社会转型为分享经济社会"。首先，分享经济能够激发创新活力。分享经济使得人们可以在边际成本趋于零的条件下通过分享协作进行生产、消费和分享自己的商品和服务，进而带来经济生活组织方式的新变化。越来越多的企业、机构也会参与到分享经济中来，通过众包、众创等方式组织整合社会资源，参与到创新活动中来，大大提升创新效率，并大幅降低成本。其次，增加有效供给。分享经济可以快速高效地调动各类闲置资源，增强供给的弹性和灵活度。最后，促进灵活就业。分享经济打破了传统的"全时雇佣"关系，在使就业方式更加灵活的同时，拓宽就业渠道，增加就业岗位。

四、大数据经济

虽然在3000年前就有了人类对数据开发利用的记录，但是由数据向大数据的进化却经历了漫长的过程。第一次工业革命之后，数据开发利用的工具和技术手段得到迅速发展，数据开始成为各门科学的基础。物理数据、化学数据、地理数据、经济数据、社会数据、军事数据等各类数据得到巨大发展。进入第三次工业革命，随着计算机的普及和互联网的扩张，极大地促进了数据计算和数据传输。近十年来，人们利用传感技术、智能技术等新一代信息技术，创造出诸如智能手机、智能可穿戴、智能医疗设备、智能交通工具等多样化的数据获取工具。至此，人类可以轻松获取先前无法获取的市场、生产、生活、社交等数据，数据量呈现爆炸性增长态势，人类社会步入了"大数据时代"。

随着云计算和大数据技术快速兴起和扩展应用，数据的获取成本大大下降，数据将变得无处不在，数据成为像资本、劳动一样的新生产要素。数据被广泛地用于积累、交换、分析和应用，既可以以金融交易数据、电子商务交易数据等形式驱动业务增长，也能够被开发成为数据产品，攫取数据新价值，催生数据经济①。当前对于数据经济并没有形成一个被广泛接受的严格定义，但其基本内涵已基本清晰。即通过互联网、物联网、云计算等信息技术，把海量数据资源融入产业转型设计和创新发展的各个环节，创新价值输出模式。

数据经济正值萌芽发展期，商业模式不断翻新，数据与产业的不断融合渗透为未来数据经济的发展创造了无限的想象空间。目前，数据经济的商业模式主要有数据交易、信息服务、第三方数据服务、数据融合服务、数据销售等几种模式。综合考量，数据服务业极有可能成为数据经济的最大蓝海。数据服务产业链条可以覆盖数据生产、数据传播、数据获取、数据存储、数据加工以及数据交换与出售等环节②。越来越多的产业领域在"计算机—互联网—大数据"这一道路上谋求发展新途径。例如，美国一家名为气候公司（Climate Corporation）创业企业塑造了基于土壤数据的全新运营模式，该公司对美国境内超过 100 万个地点、未来两年的天气情况进行超过 1 万次模拟。随后，将根系结构和土壤孔隙度等相关数据与模拟

---

① 孟晔：《新经济框架：从行业分工到平台共享》，2016 年 3 月份阿里研究院发布的研究报告。

② 谢文：《大数据经济》，北京联合出版公司、后浪出版公司 2016 年版。

结果相结合，同时匹配农产品期货数据、国际贸易数据以及国民经济各方面数据，为成千上万农民的每一块农田提供精准的保险服务。

在大数据时代，中国第一次有了和发达国家同时出现的历史机遇。2012年以后，大数据的概念在中国迅速传播，在不同产业领域、不同业务环节多样化的数据需求迅速发展，大数据产业进入高速发展时期。2015年中国大数据市场规模达到105.5亿元，同比增长39.4%，预计未来3~4年，市场规模增长率将保持在30%以上。中国大数据产业投资结构中，金融、通信、零售为前三大行业，投资占比分别为16.7%、15.9%和14.0%。政府、医疗、旅游投资比例分别为13.5%、10.3%和3.8%。六大行业累计占比74.2%。其他行业包括教育、制造、能源、媒体、互联网等，累计占比25.8%[①]。

数据已经无处不在，数据经济也将无孔不入。从简单的数据互联到无所不包的大数据综合利用，数据经济将对社会运行模式、产业生态环境和生活方式产生深刻影响。首先，影响社会运行模式。当前，科学领域的数据化早已规范明确，IT的数据化也在明确的道路上快速发展，制造业、商业、服务业甚至大多数传统产业的数据化方向也逐渐明确。然而社会领域、政治领域由于更多地受制于权力格局和利益格局，单纯的技术或商业逻辑在该领域无法奏效，其数据化仍然面临不少障碍。但是，一旦社会领域和政治领域的数据化有所突破，将会对社会运行机制、管理体制等方方面面产生巨大影响。其次，颠覆与重组产业链。互联网商业化市场化的20多年来，产业生态环境和产业链都发生了巨变。大数据经济背景下的产业生态也将发生颠覆性的变化。未来，产业链的上游将被那些能够掌控数据入口和标准、具有数据整合和分析能力的公司所占据；中

---

① 2016年8月23日，易观发布了《中国大数据市场年度综合报告2016》。

游将被一批在某一垂直领域或特定区域能够掌握数据入口、整合的公司所占据；下游基本上是在数据经济生态中的数据提供者和特色服务运营商。最后，深刻影响传统的生活模式。大数据已渗入人们生活的方方面面，也成为人们日常生活决策的必要依据。但同时，数据成为新生产资料，数据将变得有利可图，人的隐私将受到严重挑战。

五、社群经济

群性是人类固有的文化特性。从远古到现代，人类社会经历了"部落—宗族—族群—社区"的漫长演化。网络出现和发展，消弥了限制人们社交自由的血缘、空间、身份等条件，强化了情感志趣、社会关系等因素，使得社会关系的广度和深度得到极大的拓展。移动互联网的普及，二十四小时在线、随时随地连接成为可能，微信、陌陌等社交工具快速发展，提升了信息传递效率，增强了交流沟通频度，加强了情感互动深度。这样，根据地理位置、兴趣图谱、交流学习等原生需求，诞生了产品型社群、兴趣型社群、品牌型社区、知识型社群等各类社群。社群中个体的自由和主动性得到释放，能量和价值得到彰显，个体间资源交换与自由协作能够有效地创造价值，社群经济应运而生。

社群经济的核心特征是通过社群成员持续多向互动，进行情感、知识、价值的再生产。例如，著名的知识型自媒体社群"罗辑思维"是社群经济的最早定义者和实践者，一方面将"社群成员团结起来"，通过商家的产品"赞助"为会员提供福利，达到"占其他人的便宜"的目的，进而制造口碑效应；另一方面坚持"单品逻辑"①，为社群成员定制产品和服务，激发情感消费。再比如，小米手机通过互联网营销打造"米粉部落"，让米粉作为志愿者自愿参与产品设计、开发，自愿传播，自愿消费。

移动化的社群和社群经济已经渗透到社会生活的各方面，对个体乃至社会的生活方式、消费模式、商业规律等产生深刻的影响。首先，带来个体革命。移动互联网技术和社群经济的发展，使人与人之间协作共享成本大大降低，衡量人价值的方式发生变化，只要你具备一技之长（手艺、主意、时间等），通过社群平台迅速找到与自身相适应的社群组织，并与其他节点（人）完成分工协作，进而协同完成一个任务或一个项目，市场会对你的价值做出客观界定。个体价值在社群经济时代得到充分彰显。其次，颠覆商业逻辑。一方面，社群经济重塑品牌、社群和消费者三者的关系结构。② 由于社群的自组织特性，人会根据兴趣爱好、身份特征等特质建立个性化的关系圈和交互网络，品牌会在这些具有特质的关系圈和交互网络中快速扩散、裂变传播，而不再是传统的线性单向传播。另一方面，社群经济模糊了消费者、生产者的界限。消费者的生产力得到充分释放，消费者参与生产、主动创造成为普遍。最后，激发信用红利。社群的自组织和再生产特性，必须基于信任才能维系。社群工具使社群成员高效便捷地找到合作伙伴，推动"熟人社交"向"半熟社交"转变，建立超脱于现实之上的信任关系。社群成员通过持续互动，使得信任在成员之间迅速扩散。在此基础上，社群成员信息、意义和情感等价值的再生产得以顺利开展。此外，企业只有

---

① 每次只卖一个商品，每次都是爆款。
② 社群经济：移动互联网时代未来商业驱动力。

通过高品质产品和服务来获得社会信任，才能赢得各利益相关方的共赢关系①，从而对传统企业的组织运行形式产生深刻影响。

六、微经济

"罗辑思维"的罗振宇这样描述未来人的生存方式：自带信息，不装系统，随时拔插，自由协作②。新经济时代的到来，让一切变得不同。从供给侧来看，无论技术如何迭代，竞争的本质还是以争夺市场为最终目标，由于消费者市场和第三方市场迅速成熟导致整个市场不同于以往，进而企业的竞争方式也花样迭出，竞争方式的变化引致生产方式的变化，集中表现为在生产上的碎片化趋势愈加明显，生产组织方式更是趋向小微化，中小微企业组织野蛮生长，而大中型企业的组织变化并不明显，甚至有逐步减少的趋势。小微化生产组织方式更容易拉近与终端市场的距离，面对市场变化时的反应也会更加迅捷有效，与消费端能够更有效率地完成匹配。从需求侧来看，互联网尤其是移动互联网的裂变性带来注意力分散化、时间碎片化、海量个性化，原来粗放式的需求变得更加小众化和精细化，消费模式急剧变革，这不仅体现在实体消费层面，同样在投资、理财等虚拟消费层面也显露无疑。从市场端来看，技术的进步使市场成为"平地"，市场更加透明，信息更加对称，时空、场景已经不再是市场交易的障碍。在网络环境下，每个人的节点意义更为凸显，人的聚合作用越来越重要。纵观供给侧、需求侧、市场端和

---

① 史蒂芬 M. R. 柯维：《信任的速度——一个可以改变一切的力量》，王新鸿译，中国青年出版社 2011 年版。

② 罗振宇："时间的朋友"跨年演讲，2016 年。

个人等各方面的变化，微经济的涌现已是大势所趋。

作为一种经济现象，微经济独具特色。第一，市场组织向"平台＋小企业（个人）"的方向演化，企业的规模变小，密度变大。近年来，围绕互联网平台，形成了众多"平台＋小企业（个人）"的组合。企业的密度会提升即企业小型化趋势明显，根据调查数据及预测，中国小企业总数会显著增加。这一趋势在大企业内部不断出现，由于市场的变化，企业趋向于将自身打造为平台，鼓励支持内部员工组成类似于小微企业的创新创业团队，内部员工由原来的"产业雇员"成为"创意精英"，企业平台的作用在于为这些创意精英提供多维度服务和支持，更好地满足市场需求，企业之间的较量便转变为"平台＋创新小团体（个人）"之间的竞争。第二，需求微化。人们可以不再简单接受传统商家商品的局限和多层销售环节的弊病。"被动消费"正在消失，随之而来的是"积极消费"，消费者可以依据个性化需求，随时随地在全球范围内选购商品。这种"微需求"的出现带来了巨大的商业机会，使得整个世界的商业格局也在巨大地变化。第三，供给微化。互联网改变了生产供给方式，例如一家在天猫上卖大米的商家做了一个实验，让商品变小，推出一斤装大米，网上的需求超出了预期，但是如果在传统情况下他不敢做这样的实验。传统零售渠道一般是超市等线下实体店，卖的大米通常是 5 公斤、10 公斤一袋，没有人会买一斤装的大米。第四，就业微化。现在创业者越来越多，创业者的机会越来越多，越来越多的就业者利用自己的业余时间选择兼职，结合自己的兴趣爱好可以做很多事情，而不仅束缚在一份工作中。做了很多事也是你具备了一些"微技能"，在自由市场条件下，这些"微技能"能够给自己带来经济价值。

创新是时代进步的催化剂，当前科学技术日新月异，单项颠覆性技术还没有出现，但微创新可以随时出现。在微经济背景下，微创新的不断涌现使得经济马车前行的驱动力更具持续性。对个人而言，年轻人有想法、有创意可以到众创空间或车库咖啡交互和交流，不用宅在家里，新的东西就会产生。就像大城市比小城市的人增加了 10 倍，创意增加不止 10 倍。对企业尤其是中小企业而言，微创新决定它们的市场竞争力。以前中小企业过的是一年一单 100 万的日子，在市场需求越来越多样化的今天，中小企业过的是一年 100 个 1 万的日子，需求更加精细，更加分散。从用户的细微需求入手，也许只是一点点"微创新"，就能带来意想不到的效果。于是，中小企业有了把鸡蛋放到不同篮子里的机会。

第六章

大知识产权时代的来临

一、知识产权为何再提起

1. 知识产权是全球重要的战略资源

当今，世界经济的知识化、全球化特征日益凸显，知识产权逐渐成为各国占据产业发展主导权的战略性资源和提升全球竞争力的核心要素。特别是在后国际金融危机时代，世界主要国家和地区尤其是一些发达国家，如美国、日本，纷纷强化对知识产权资源要素的支配和控制力，出台一系列知识产权保护和促进的战略与行动计划，更加注重知识产权对科技创新和新兴产业发展的核心驱动作用，并充分利用知识产权及相关创新成果加强在全球产业竞争中的话语权、利益分配控制和经济封锁，以知识产权为核心竞争力的科技革命和产业竞争愈演愈烈。

以美国为例，美国将知识产权战略视为最重要的长期发展战略之一。20 世纪 80 年代以后，国际间货物贸易保护推动技术贸易广泛开展，知识产权作为一种无形资产更容易受到侵权，全球范围内的知识产权保护进一步升华。美国作为全球创新最发达、知识成果最密集的地区，开始确立了知识产权发展战略，也成为全球最早建立知识产权法律和制度的国家之一。美国的知识产权保护可以追溯到美国独立后颁布的基本大法《美利坚合众国宪法》，其中对个人的创新保护方面，宪法规定发明人、作者的创作成果应当享有知识产权。

美国知识产权战略一方面注重知识产权相关制度的制定和改革，通过法律的制定和执行来推动知识产权的权利归属与利益分配，亦如美国在制定专利法转移和商用相关法律、保护权利人利益的同时，也通过反垄断法加强对知识产权滥用行为的规制，进一步平衡权利人与公众利益之间的关系①。另一方面，美国通过实施知识产权战略，推动其产业结构调整和新兴产业发展，如推动专利保护范围覆盖微生物、计算机程序的商用办法等领域②，积极参与并极力推动知识产权国际规则的制定和调整。

2012 年 3 月，美国商务部发布《知识产权和美国经济：聚焦产业》③，该报告首次系统梳理了美国经济中知识产权密集型产业的布局状况，客观评价了以专利、商标和版权为核心的知识产权高度密集型产业对于美国经济做出的重大贡献。为了给予创新正向的激励，报告还明确提出了"为赢得未来，美国需要增强知识产权的保护"。2015 年 10 月，美国发布了新版《美国国家创新战略》，将创新环境建设摆在美国创新生态系统建设的重要位置，而这些环境条件的核心要素就是益于创新的知识产权制度、保护创新的反垄断执法、安全的网络环境等内容④。

---

① 若干国家和地区对知识产权滥用的反垄断控制。
② 版权制度对开放获取的影响综述——开放获取的法律视角分析。
③ 知识产权密集型产业对经济发展的推动作用——《知识产权与美国经济：产业聚焦》报告简评。
④ 资料来源：国务院知识产权战略实施工作部际联席会议办公室，美国发布新版国家创新战略。

21 世纪初，日本提出了"信息创新时代，知识产权立国"的方针，制定了《知识产权战略大纲》和《知识产权基本法》，提出从创造、活用、保护三个战略以及人才基础和实施体制等方面抢占市场竞争制高点。日本内阁成立了"知识产权战略本部"，由首相任本部长，并设立了"知识产权推进事务局"，每年发布一次"知识产权推进计划"，对国家主管部门、教学科研单位，各类企业的相关任务与目标都做了规定。2005 年，日本成立了"知识产权上诉法院"，统一审理知识产权民事和行政上诉案件，以简化程序，优化司法审判资源配置，从而更有效地保护知识产权。这种做法在国际上已经是一个明显的发展趋向，韩国、新加坡以及我国台湾地区近年来也先后采取了与日本相似的知识产权司法架构。

2. 知识产权与经济增长

对于知识产权与区域经济增长的关系，国内外许多专家学者进行了深入的研究。早期的研究主要集中在技术的扩散效应、专利保护技术的激励效应、模仿活动引起的技术扩散等方面，对知识产权保护和经济增长的普遍观点是知识产权保护能够在一定程度上激励创新，创新带来的技术进步将推动全要素生产率提高，从而促进经济增长[1]，但严格的知识产权保护将导致垄断，从而削弱市场竞争及研发的激励效用，阻碍了在更大范围内的技术模仿和扩散，从而阻碍了经济增长[2]。

我国学者屈晓娟[3]指出，知识产权保护强度对经济增长的促进

---

① Lai L C. International Intellectual Property Rights Protec？tion and the Rate of Product Innovation ［J］. Journal of De？velopment Economics，1998，55（1）：133 –153.

② Helpman（1993）Helpman E. Innovation，Imitation，and Intellectual PropertyRights ［J］. Econometrica，1993，61（6）：1247 –1280.

③ 屈晓娟：《知识产权保护、技术差距与后发地区经济增长：一个分析框架》，载《华东经济管理》，2016 年第 10 期。

效用受到后发地区与领先地区的技术差距影响，如果两个地区技术差距较小，加强知识产权保护制度更能够激励后发地区的自主创新，从而促进经济增长；反之，二者技术差距较大时，后发地区的模仿成本小于创新成本，知识产权保护强度越弱越利于后发地区的模仿创新。

3. 知识产权的作用方式

当前，知识产权战略不仅成为发达国家推动创新与经济持续增长的重要战略资源，同时也成为其赢得国际贸易主导权的重要手段，具体的作用途径可总结为以下三个方面：

首先，各国通过立法和加强管理来调整知识产权利益关系，促进知识成果创新与转化，从而达到鼓励创新的目标。如美国自 20 世纪 80 年代初颁布《拜杜法案》后，相继在 1986 年、1998 年推动《联邦技术转移法》和《技术转让商业化法》，为知识产权成果的保护及应用提供了强有力的保障，同时为企业、技术创新者和消费者从创新中获得收益提供了法律基础；1999 年美国通过《美国发明家保护法令》，确立了专利优先发明制度、1 年宽限期保护制度以及早期公开制度①，旨在激发大学、国家实验室等科研机构在专利创新、加速产业化以及创办高新技术企业等方面的积极性，从而促进了产学研协同发展的效率进一步提升；21 世纪初，美国参众两院又颁布了《技术转移商业化法案》，大幅简化了联邦政府所有科技成果的转化与商业化运用程序，并对专利等知识成果的产生和供给形成了正向的激励。

其次，根据利益和跨国企业竞争需要，各国对既有的知识产权法律不断修改，包括专利法、版权法、商标法等，不断纳入新的保

---

① 美国知识产权保护制度及监管。

护内容、扩大保护范围、加强保护力度。进入 21 世纪以来，随着信息网络、生命科学等科技发展，发达国家不断将一些新兴技术和成果纳入本国知识产权保护范围；同时，全球尤其是亚太地区生物技术相关产业发展迅猛，亚太地区生物技术领域专利数目持续上升，根据中国科学院发布的《中国工业生物技术白皮书 2015》，2012 ~ 2014 年全球公开工业生物技术发明专利 2.8 万件，其中在中国进行保护的比例达 52.8%。

最后，在国际贸易方面，为进一步维护本国利益，以美国为代表的发达国家和技术领先国家，积极参与和推动知识产权国际规则的制定与调整，形成有利于本国国际贸易规则，比如美国依托联合国制定《与贸易有关的知识产权协议》（Trips），强调保护国际知识产权人在本国的利益，保障美国的知识产权权利所有者在全世界其他国家的利益最大化。2016 年 4 月，美国贸易代表办公室（USTR）又发布了 2016 年《特别 301 报告》，在这份文件中，中国仍被列入优先观察国名单（Priority Watch List），受 306 条款监督①，报告指出尽管中国近年来在知识产权法律改革、知识产权执法等方面都采取了积极作为，但中国、印度等国家商业秘密保护不足，还存在商业秘密窃取、网络盗版等问题。

4. 如何应对知识产权时代的到来

在国际竞争格局加速调整以及我国经济发展方式加快转变的大背景大环境下，党中央、国务院提出大力实施国家知识产权战略，明确要求大幅度提升我国知识产权创造、运用、保护和管理能力，为建设创新型国家和全面建设小康社会提供强有力的支撑。2015 年，我国发明专利申请受理量超 100 万件，连续 5 年居全球首位。国内

---

① 信息来源：美国发布 2016 年《特别 301 报告》，中科院知识产权信息。

新兴产业的科技含量大幅提升，在高速铁路、移动通信、核电等领域都取得重大技术突破，带动中国的产品和装备逐步走向世界。从市场主体的创新来看，我国企业的科技创新能力明显增强，企业内部的 R&D 投入逐步提升，我国企业发明专利申请量达 58.3 万件，占国内发明专利申请受理量的 60.2%。

　　同时我们也应看到，虽然我国企业的创新能力在逐步提升，但是我们许多产业环节仍处于全球价值链的低端，比如在苹果公司全球布局中，把产品、软件和核心部件设计放在国内，主要部件的供应商主要为日立、Renesas、高通、韩国现代、索尼、三星、和硕等美、日、韩企业，而苹果主要将总装工厂布局在中国，2016 年苹果全球 18 家总装厂中有 14 家在中国，这些工厂的投资主体主要有比亚迪、仁宝电脑、富士康、英华达、和硕联合科技、广大电脑、纬创集团，其中只有比亚迪和和硕联合科技为中国大陆品牌，其余全部为中国台湾品牌。由此可见，在全球科技竞争与贸易发展的新阶段，我国企业还要紧抓产业结构调整的机遇，不断提升在"微笑曲线"两端环节的经营能力，充分利用知识产权手段，提升知识产权运营能力，赢取在全球竞争中的竞争力和话语权。

二、"苹果"现象：知识产权为纽带的总部经济模式变化

　　跨国企业常常采取全球布局战略，仅将核心的总部和核心研发环节留在本国，将生产基地、服务、销售等机构布局在全球各地，以充分利用全球的制造业体系进一步降低生产成本，并获取更大的市场和全球最先进的科技创新资源等。而苹果就是这一战略的最好案例，其 iPhone、iWatch 等产品的成功，不仅归功于史蒂夫·乔布

斯的领导和颠覆式创新，同时也得益苹果超级的全球供应链布局以及以知识产权经营为核心的无缝供应链体系。苹果公司（Apple Inc.）是全球顶级的高科技公司，由 Steve Paul Jobs、Stephen Gary 等人于 1976 年创立，2007 年更名为苹果公司，总部位于加利福尼亚州的库比蒂诺市，1980 年 12 月公开上市，并从 2012 年开始多年成为全球市值最大公司，根据中商情报网发布的数据，截至 2016 年 8 月苹果市值达到 5800 亿美元以上。

　　苹果公司拥有一套超级的供应链体系，根据 Gartner（全球领先的信息技术研究和顾问公司）相关调查研究，苹果公司被归为精英类别的全球供应链厂商。苹果的产品设计在美国，关键零部件研发和生产在日本，核心芯片和显示屏可能来自韩国制造，其他一些零部件再由我国台湾厂商供应，组装则是在深圳富士康的工厂，最后卖到全球各地，可以说 iPhone 手机和 iWatch 在出厂之前已经游历了大半个地球了。2016 年，苹果遍布世界的供应商达 766 家，其中我国大陆地区的厂商数量为 346 家，位列全球第一，日本和美国的供应商数量分别为 126 家和 69 家，位居第二和第三，我国台湾地区有41 家，位居第四。苹果的超级供应链管理水平也得益于现任苹果公司首席执行官库克，1998 年由于库存臃肿、制造部门效率低下等原因，苹果公司当年损失超过 10 亿美元，库克进入苹果后建立了严格的成本控制与供应链管理机制，使得苹果整个产品线迅速扭亏为盈。到 1999 年底时，库克还将产品的库存量从最初 31 天挤压到仅仅两天。

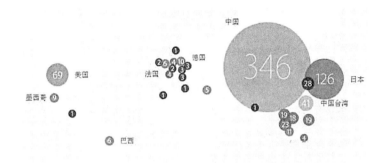

图6-1　苹果全球供应厂商布局

从供应链的组织上来看，苹果制定了一套管理模式，对于零部件、OEM、ODM、EMS等第三方供应商进行评估，苹果对合作的企业要求非常高，已经近乎于苛刻的程度，苹果专家小组会视察合作企业的运转情况，一方面苹果对元器件质量要求得非常高，一般厂商都会认为苹果的质量标准超出行业的5倍以上，研发一般都会比同类智能手机领先两年，如果达不到要求就直接换别的公司做，同时根据通过保密协议要求供应商如果发生产品泄露事件，会在财务上进行一定惩罚。比如某元器件供应商与苹果合作，在初期要投入大量的研发资源，良品率通常只有20%左右，就算产品被苹果认可，良品率也只在80%左右。

虽然苹果对产品质量和研发的要求极高，但其不会与供应商联合投资一项新技术。苹果在供应链管理中很重要的一个原则就是无"黑盒"原则，这也符合乔布斯一向强势的性格，通常手机在出厂前都会进行功能测试，一般不考虑程序内部结构和特性，对软件界面和软件功能进行测试，因此这一测试程序被称为"黑盒子测试"，其他厂商只需要交付符合要求的元器件即可，但是苹果必须完全控制手机生产的每个环节，要求每个元器件必须是"透明盒子"，元器件的研发、生产、测试等环节都必须要了解，苹果会将大量的工程师安排在元器件厂，形成了"无缝供应链"的管理模式，如富士康组装工厂就派驻了近2000名工程师。

另一方面苹果要求掌握合作公司运营等一切状况，企业要将财务报表、利润、投资领域等经营情况详细地向苹果汇报，比如曾经有一家苹果在日本的合作公司，主要制造驱动自动聚焦的小马达，苹果发现这家公司在2007年通过购买衍生性金融产品进行汇率避险，于是终止了和这家公司的合作，导致这家公司最终破产。苹果就是以这种近乎苛刻的要求牢牢控制住供应链上每个模块的质量。

表6-1 苹果部分核心零部件供应链厂商

零部件	供应商
CPU 处理器代工	三星、台积电、英特尔
显示器面板	4G、日立、JDI、夏普、三星、友达
LCD 液晶显示器	日本的智机电、日亚化学、丰田合成以及德国的欧司朗
镜头	大力光电，玉晶光电、致伸科技，韩国的 LG 和高伟电子
触摸屏	日本的阿尔卑新电器，我国台湾的宸宏鸿，我国香港的伯恩光学
存储器	东芝、美光、闪迪和韩国的 SKHynix
摄像头模组	索尼
摄像头组装	杨信科技
锂电池	欣旺达（替代我国台湾顺达）
电源/电池	国内的比亚迪，天津力神，德赛电池，日本的松下，我国台湾的顺达和新普，韩国的乐金化学
耳机/MEMS麦克，扬声器模	国内的歌尔声学，瑞声科技，基本的丰选电机，台湾的富佑鸿，美律，以及美国的楼氏电子

续表

零部件	供应商
PCB	华通、健鼎、欣兴电子、依顿电子、超声电子、耀华电子、美国讯达科技
代工结构件和外国零部件	比亚迪
连接器，金属结构件	长盈精密
功能组件	苏州的安洁科技，东莞的先锋材斟，以及美国的 Marian
连接器和线材	国内的富士康和立讯精密，日本的广濑电机，第一精工，藤仓和航空电子工业，台湾的正巍和宝盈光电，美国的安费诺，莫仕和泰科电子，以及英国的 VolexPlc
充电器	台湾光宝科
光学元件	新加坡 HEPTAGON
电子元件	国内的线艺，日本的索尼，欧姆龙，住友电工三美电机，胜美达，日本电产和 Nec 金
机壳	台湾的可成和谷崧
金属	云海金属

尽管苹果的要求如此苛刻，众多供应商还是一呼百应，其原因在于一方面与苹果这样世界顶尖的科技公司合作，能够让企业获得领先于市场的技术优势；另一方面苹果的采购量极大，供应商只要在一个产品上达到苹果的要求，就会得到一大批订单需求，相比三星产品型号众多、元器件类别和标准各不相同的企业，单一目标的管理更为简单。产品单一、采购量大，市场稳定，而且技术超前，能够获得苹果的订单也成为元器件厂商在资本市场上的背书，"苹果概念"的供应商也受到资本市场的青睐。

专家学者将苹果现象总结为"知识产权生产"的概念，即知识产权的创造塑造了企业的核心竞争力，以知识产权为纽带的生产在跨国贸易中地位凸显。具体的以手机产业链为代表，手机产业链可分为产品设计、部件制造、组装测试销售管理等环节，而苹果公司仅仅将芯片设计、软件设计、外观设计与核心部件技术等环节放在公司内部生产，而将其他通用的零部件、组装等环节放在全球供应链体系中，比如CPU处理器代工厂商主要有三星、台积电；显示器面板和触摸屏主要采购LG、日立、JDI等日韩企业的产品；存储器提供商主要有东芝、美光（中国西安）等；锂电池由欣旺达（中国深圳）提供；机壳提供商为我国台湾的古崧等。

由此可见，苹果公司的投资主要在产业链的顶端，突破了我们以前关于价值链的"微笑曲线"原则，而聚焦于知识产权生产环节，以外观设计专利、软件设计版权、核心部件发明专利以及相关技术秘密等知识产权手段实现对整个全球产业链各个环节的牢牢的控制。苹果产品生产就是一个知识产权挖掘、创造、全球布局与运营的知识产权生产过程。

三、从"物"的经济到"人"的经济

1. "物"的时代：要素投入与资本投入

从苹果公司等世界领军企业对知识产权、人等要素的重视可以看出，关注人尤其是关注人的创造力与消费力已成为决定21世纪企业能够成功与否的关键。从"物"的经济到"人"的经济转变，换句话说，就是要从要素投入、资本投入、劳动力投入等生产资料"物"的投入来驱动经济增长，转向注重人的创新、创造、创意以及以人的体验和消费为目的的"人"的经济，将释放人的创新活力和潜力、产生更多创新成果作为驱动经济增长的主要动力。

　　我国经济在改革开放 30 多年来能够获得巨大的发展，主要的驱动力还是土地、资源、能源等要素以及资本等"物"的投入。20 世纪八九十年代，企业通过贷款、融资等各种方式获得资金，购买机器、能源、资源等，再雇用熟练的技术工人实现生产，将产品卖出就可以实现增长，人在其中的作用其实更多的是机器属性功能。大而言之，我国经济增长的物质要素投入驱动的特征非常明显。很长一段时间，我国 GDP 总量占世界的比重远低于能源资源消耗所占比重，劳动力平均工资低于发达国家，人口红利效应明显，使得产品物美价廉；出口导向型经济特征明显，成为"世界工厂"。这种发展模式使得我国能源资源消耗极大，环境污染问题日趋严重。与此同时，随着居民储蓄的增加以及资本量的不断扩大，大量的投资工具开始出现，大量的基建、房地产等产品涌现，企业不断投资扩大生产规模，通过规模化生产降低产品成本以获得竞争优势。而投资拉动型的经济发展方式由此引发了资本要素超常规投入，投资与消费失衡，企业生产与市场需求和消费能力脱节，陷入低端产品产能过剩，而需要技术创新的高端产品却很少去投入的发展怪圈。

　　过去我们常讲，投资、出口、消费是拉动我国经济的"三驾马车"。经过多年发展实践，"投资"改变了我国许多城市面貌，提高了城市发展水平，壮大了企业规模，也带来了城市土地日益稀缺、房价高企、企业产能过剩等问题。"出口"拉动沿海地区外向型经济的快速发展，打开了国际市场，也带来了资源能源消耗过巨、人口红利消失使得低成本难以维系等问题。相比而言，"消费"做得并不是很好，虽然我国居民的消费观念正在转变，消费意识和消费能力也快速提高，但是由于存在消费与供给的不匹配，企业更多的是关注如何提供大量的产品，而对市场消费的实际需求缺乏准确把握，使得许多产品销量无几，实际提供的是无效需求，而按需定制来满足消费群体的个性化、多元化消费，也即关注以人为中心的消费供给才是未来。

2."人"的时代：大众创业、万众创新与消费升级

目前，我国正在迎来"刘易斯转折点"，人口红利逐渐消失，劳动力成本不断增加，只有注重人的创造、创新、创意，注重挖掘人的定制式消费，走向"人"的经济才能实现经济的可持续增长。习近平总书记在2016年"科技三会"上指出"科学技术是人类的伟大创造性活动。一切科技创新活动都是人做出来的。我国要建设世界科技强国，关键是要建设一支规模宏大、结构合理、素质优良的创新人才队伍，激发各类人才创新活力和潜力"。习近平总书记的重要讲话为以人为中心的科技创造指明了方向，"大众创业、万众创新"国家战略正在深入实施，各地创业创新之火迅速呈现燎原之势，对经济社会的促进效应正在凸显。

为什么要鼓励大众创业、万众创新？从人类发展进程来看，人类文明的每一次重大发展、社会的每一次重大跃进都离不开再创新、再创业，创新创业是推进人类社会文明进步的第一引擎。推动经济社会发展，不仅要通过技术创新来解放生产力，更要通过思想、理念等创新来释放全社会的创造力。中国人的勤劳智慧举世闻名，如果将13亿人的创新创造力充分激发释放出来，那必将带来经济的巨大发展和社会的巨大进步。

从历史来看，改革开放初始，人们的创造力不断释放，从农村家庭联产承包责任制，到城市国有企业改革，放开集体经济，再到私营经济大繁荣，无一不体现着千千万万人的主动创造能力。当前我国经济新常态发展的特征日益凸显，经济发展方式正从规模速度型粗放增长转向质量效益型集约增长，经济结构正从增量扩能为主转向调整存量、做优增量并存的深度调整，经济发展动力正从传统

增长点转向新的增长点，发展理念更加明确，"创新、协调、绿色、开放、共享"成为我国全面建成小康社会的指导理念。新形势下，我国要在全球新一轮科技革命和产业变革中取得主动权，必须依靠更大范围、更高水平的大众创业、万众创新，发挥创新激励经济社会发展的乘数效应。目前，中华大地正在兴起新一轮创业创新热潮，出现了以90后年轻创业者、大企业高管及连续创业者、科技人员创业者、留学归国创业者为代表的创业"新四军"，草根创新、蓝领创新、创客、众创空间等新的形式层出不穷。创新创业正在成为一种价值导向、一种生活方式、一种时代气息。

另外，创新创造虽能够产生大量新产品、新服务，但再好的产品和服务，如果没有很好的销售模式、很好地与人的消费需求结合，那也将陷入"无人买单"的尴尬，难以获得成功。这里面包含着商业模式的创新和以客户为中心的产品创新。如小米成功的根本原因在于其独特的商业模式，即"硬件＋软件＋互联网服务"。小米不再向用户销售硬件、提供软件和服务的同时，还将互联网服务的思维导入硬件业务和软件业务，产生了众多创新。从 MIUI 开始，小米就牢牢扎根于公众，让公众（尤其是发烧友）参与开发，每周五发布新版本供用户使用，开发团队根据反馈的意见不断改进。而大部分手机厂商却没有经营用户的意识，特别是国产品牌，只知道单纯地卖手机，却没看到手机作为移动终端背后的庞大市场。再如滴滴出行运用全球领先的技术，通过信息匹配、分发，用最低的成本来整合闲置资源，缓解了出行难的问题，成为分享经济时代的典型代表。

第七章

引领新经济的"零工"时代

一、国内外零工经济发展

零工经济目前尚属于新兴产业业态，国内外对零工经济的研究主要集中在实地调研阶段，理论研究较少，且对零工经济的研究较多地与分享经济联系在一起。二者有联系也有区别，其中共享经济是指商品的消费者与提供者共同享有某种资源，如车子、房子、各种设备等；而零工经济则是由"提供者"采取上门服务的方式，它提供的服务往往是无形的。

目前国内外对于"零工经济（gig economy）"的定义较为一致，即由工作量不多的自由职业者构成的经济领域，利用互联网和移动技术快速匹配供需方，主要包括群体工作和经应用程序接洽的按需工作两种形式：前者通常由一群能够接入互联网的个体在网络平台上完成，包括常规性和技术性较强的任务，工作者可能来自世界各地；后者是用户通过手机应用程序搜索，寻找提供运输、家政、维修等服务的人员，工作者多是本地居民①。

零工经济本质上是一种以人为本的组织模式和工作方式，是人类第一次开始打破工业时代以来形成的"雇用"模式，模糊了工作和生活之间的界限，与"打零工"有着本质上的区别，属于高层次的马斯洛需求。零工经济始于共享出行、租房等领域，如国外的Uber、Lyft 与 Airbnb 及国内的滴滴出行是代表性企业等；随着零工经济的不断盛行，建筑、家政和个人服务领域以及医疗、法律和创意产业等领域也逐渐被蔓延。

尽管从事零工经济的人与全职工作人数相比还比较少，但是由于零工经济可以确保工作的灵活性和适应性，在过去几年里发展势头良好，未来发展潜力巨大。世界经济论坛执行委员会成员、就业与性别平等行动倡议负责人萨阿迪亚扎赫迪参与的对 120 个国家的调研显示，全球有 13% 的劳动力从事"零工"，50% 从事全职工作。据预计到 2020 年，"零工经济"互联网平台及相关服务的市场估值约达 630 亿美元，而在 2014 年，这一数字仅为 100 亿美元。到 2025年，各种在线人才平台有望贡献约 2% 的世界国内生产总值，并且创造 7200 万个就业岗位。

对于零工经济是否能促进就业存在不同的观点，一种观点认为零工经济可以创造大量工作机会，有效挖掘人力资源，降低社会成本，一定程度上可以有效稳定现有就业市场；同时会衍生一批创新创业型企业，推动社会的不断发展。"优步中国"70% 司机是兼职司机，有效平衡了出行高低峰阶段的用车需求；滴滴发布的《2015～2016 年移动出行就业促进报告》显示，截至 2016 年 4 月，滴滴出行平台通过提供专快车、顺风车、代驾等服务共创造了 1332 万就业岗

---

① http：//mt. sohu. com/20160615/n454499042. shtml.

位，除此之外还孵化出 4000 多家创新创业企业，额外解决 2 万多人的就业问题。另一种观点认为零工经济正在蚕食常规工作的就业，2016 年 10 月，智库 Brookings 高级研究员 Muro 与 Ian Hathaway 发布了一份研究 2010～2014 年美国 50 个大城市中传统工作与零工经济的就业人数变化的报告。数据显示，2014 年，在调研的 15 个交通共享城市以及 10 个住房共享城市中，尽管经济缓慢复苏，但就业人数都有所下滑。例如，在圣何塞零工经济就业增加了 145%，而传统就业人数下滑了 31%；在萨克拉门托的零工经济就业增长 92%，但传统就业人数减少 22%；匹兹堡的自由职业者增加了 85%，但传统就业人数则下滑 5%，预计 2015～2016 的数据将明显上升。这意味着一定程度上零工经济从业者人数增加是以抢占传统经济的工作岗位为代价的。

国外有分析认为"经济衰退和糟糕的就业市场"导致了零工经济日益盛行，失业率越高的国家，零工经济越发达。如以西班牙为例，西班牙 25 岁以下年轻人失业率高达 50%，高失业率极易引发社会的不稳定，但事实恰恰相反，当地并没有因为经济下滑和高失业率出现恐慌现象。究其原因发现，零工经济的大力发展为很多年轻人尤其是高校毕业生提供了广阔的空间，解决了生计问题。"零工经济"由于自身的灵活性可以增加一国经济的柔韧性，在很大程度上能缓解各国经济发生高失业率时社会的破坏性。

零工经济在带来机遇的同时也有一些弊端，如缺乏对于零工经济从业者的雇员保护与福利待遇，享受不到最低工资或带薪病假等保障，同时雇佣关系也不稳定。虽然大部分人对选择从事零工经济表示满意，但仍有部分人为了维持生计被迫从事零工经济，约有 30% 的欧洲和美国独立劳动者不得不靠打零工来维持生计。

二、零工时代的就业新形式

　　"零工经济"的迅猛发展不断冲击着传统就业市场，朝九晚五的工作与每月固定工资已经不再是求职者唯一的选择，越来越多的人群拥向自由职业者，通过在线平台出租房间、设计网站、出售自己家庭制作的产品或开私家车获得额外收入。根据哈佛大学和普利斯顿大学经济学家的一项新研究，在2005年到2015年的10年内，独立承包人的群体迅猛增长到了1250万人，占了美国总劳动人口的8.4%；约有300万美国人成为自由职业者。在英国，自由职业者人数已经增至500万，几乎接近在公共部门工作的人数。

　　"自由职业者"也称"独立劳动者"，既包括自愿选择从事这份工作的自由个体，也包括被动选择从事零工经济的人员，可以自主选择工作时间，同时有多个雇主，并且可以灵活切换工作、改变从事行业。灵活的工作性质可以促进经济发展、减少失业率、提高工作者的参与度、刺激需求及增加产量，同时可以为消费者和各大机构提供更便利的服务。但是新型就业岗位带来的收入不尽如人意。2009～2014年，英国自我雇佣者的平均收入下滑了22%，尽管在此期间增加的110万个就业岗位中，自我雇佣工作占了73.2万个，但"零工经济"的从业者中，却只有15%依靠数字平台赚钱。

专栏：独立劳动者从业情况

　　麦肯锡全球研究所研究了美国和欧洲15个国家"零工经济"参与者的情况，发布了《独立工作：选择、必需和零工经济》报告，研究显示，美国的独立劳动者人数在5400万～6800万，法、英、德、瑞典和西班牙这5个国家的独立劳动者人数总和在3000万～

6200 万。

主动选择并以打零工为辅助收入来源的"赚外快者"在美、法、德、英、西班牙和瑞典 6 个国家中均占据最大比例，其次是"主动选择并以此为主要收入来源"的自由经纪人。这两类人加起来占到了所有独立劳动者的 70% ~75%。受访者中，有超过半数的人（美国 54%、欧洲 58%）都不是以打零工为主要收入来源。

三、链接：零工经济与总部经济的联系

零工经济与总部经济既有区别，也有联系。其区别主要在于，零工经济是充分利用有创新能力的人才在全职工作之外，利用碎片化时间，将自己的智慧、知识、能力、经验转换成知识产权或者实际收益，更多的外在表现为分散的业态形式，而总部经济是企业总部各类功能的集中，表现为聚集的产业特征。此外，两者所依托的载体有差异，承载零工经济的载体可以是实体的办公空间，但更多的工作是通过网络完成的，无边界的线上虚拟空间产生效益远大于有限的实体办公空间，而总部经济更多的是依托"总部—分支机构"实体空间分离来实现。但以知识产权等纽带，零工经济与总部经济又存在诸多联系。

1. 总部企业的收购与内部创业

麦肯锡全球研究院近期发布的报告显示，到 2025 年，各种在线人才平台有望贡献约 2% 的世界生产总值，并创造 7200 万个就业岗位。可见，未来十年"零工经济"将迎来更为光明的成长期。零工经济是"人"的经济，利用人的碎片化时间来形成具有价值的成果，其中能够产生出大量的知识产权或技术专利，而这些知识产权或技

术专利通过筛选，有可能与总部企业的业务产生关联，被总部企业收购，从而促进总部经济的壮大。美国硅谷许多大公司就是通过收购初创企业的专利来发展壮大的，被大公司收购的创业者将会主导硅谷未来的创新。大公司一般管理着三种创新，分别是工艺创新（让现有的产品更优秀）、持续创新（在公司现有的商业模式上进行创新，创造新的元素）和突破性创新（开发以前并不存在的产品或服务），并利用创新组合来管理这三种创新，要么内部创新，要么收购，要么与公司以外的资源合作①。硅谷有着数量众多的由从大公司中出来创业的人创办的中小企业，这些企业进行着破坏性创新，相比大企业能够提供更简单、更便利、更廉价的产品。如 Facebook 以 190 亿美元天价收购 WhatsApp 就是个很好的例证。WhatsApp 两位创始人 CEO 简·库姆（Jan Koum）与布莱恩·艾克顿（Brian Acton）是在雅虎工作的同事，利用零工时间研发即时通信工具 WhatsApp，月度活跃用户量达到 4.5 亿，这使得马克·扎克伯格为这个 50 人团队付出了超过 190 亿美元的代价。

另外，许多总部企业许多高管、工程师、产品经理等往往也是公司创新能力最强的群体，这些人在发展到一定岗位，将会遇到职业的"天花板效应"，也可通过零工的形式来创造知识产权，实现自身理想与价值。这并不意味着鼓励员工的"背叛"，而能够鼓励员工内部创业的公司才是更有生命力的公司。从一家企业中繁衍出数代新兴企业，正是硅谷创新进化的不竭源泉。许多公司"裂变创业"，鼓励员工内部创业，这不仅是大公司解决自身危机的方式，也是解放员工创造力去为未来布局的好途径。母公司对"叛逃者"的态度

① ［美］史蒂夫·布兰克／［美］鲍勃·多夫：《The Startup Owner's Manual: The Step – By – Step Guide for Building a Great Company》，机械工业出版社 2013 年版。

应是今天祝福、明天竞争、后天合作，没有惩罚。从这个意义上讲，总部企业是创新型企业的"孵化器"，而零工经济通过碎片化时间进行裂变创新，以知识产权为纽带，能够催生出一批高成长性企业甚至总部企业。

特别是，近年来，随着互联网和新媒体领域大量"创客"群体诞生，大型总部企业开始在公司内部开设创业部门，搭建设施共享平台，在员工完成本职工作的同时，鼓励员工利用碎片化的"零工时间"进行创新，以寻求对社会创新资源的收集与掌控。如谷歌推出"20%创新时间"工作方式，广告服务 AdSense、新闻阅读平台 Google News、邮件服务 Gmail 和通信软件 Google Talk 等产品，全部是 Google 工程师在每周自主的"20%时间（20% time）"从事核心工作以外创新活动时所诞生的成果。苹果实施"蓝天"计划，允许小部分员工将一定的工作时间用于自己喜欢的工程项目，为那些具有企业家精神和主动探索意识的员工量身定制。思科鼓励员工利用非核心业务，在思科内部创办小公司，思科持有一些股份并有优先购买权，当这些项目孵化成功之后，思科会立即进行收购。目前思科有 50% 以上的创新项目都是通过这种方式发展起来的。国内知名综合性娱乐互动企业巨人网络推出"巨人之光"计划，帮助有热情、有创意的员工实现内部创业梦，并提供培训、辅导、创投、配套支持等航母式服务。

2. 零工经济的总部化发展

利用零工时间产生的知识产权具有的潜在市场价值，催生了一大批从事知识产权发现、代理、保护、孵化、加速、产业化的大型总部公司。以重庆猪八戒网络有限公司为例。"猪八戒网"的商业模式，就是搭建一个平台，让企业在平台上发布各类需求，比如文案、设计等，并且附加相应的报酬，而网民利用零工时间完成工作，成为威客。猪八戒网服务涵盖品牌创意、产品/制造等六大类别，共计600余种现代服务，为创业者提供一站式的企业全生命周期服务。经过近十年发展，猪八戒网拥有了500万家中外雇主、1000万家服务商，2015年平台交易额75亿元，市场占有率超过80%。但随着猪八戒网的流量不断上涨，仅依靠收取佣金是难以维持公司生存和长期发展的，尤其是在市场竞争日趋激烈、平台免费化趋势日益凸显的背景下，公司必须寻找新的盈利方式。2014年猪八戒网通过对自身大数据挖掘，特别是对设计行业数据挖掘，发现了商机。随后成立知识产权部，负责将设计需求价值转化，在用户获得设计标识后，提供商标注册代理的增值服务。2015年"一站式"的知识产权服务平台——猪标局网正式上线运营，猪标局为猪八戒网的大数据找到了兑现的途径。此外，猪八戒网全面创新商业模式，以"数据海洋＋钻井平台"为战略，先后拓展八戒金融、八戒工程、八戒印刷、八戒财税、八戒教育、八戒HR等钻井业务，成为国内领先的服务众包总部企业。

第八章

零工社区：云端上的创新

一、园区社区化

改革开放 30 多年以来，园区已成为科技创新和经济社会发展的重要载体，从园区发展演变的历程来看，我国园区已经从 1.0 版本演进到 4.0 版本，基本经历了从"纯工业园区"到"高科技园区""功能复合的综合性园区"再到"综合性新城"发展过程，园区已经不仅仅关注科技研发转化，也更注重人的发展，通过融合居住、生活等因素，加快园区和社区的融合，园区社区化趋势明显。

1. 园区 1.0 版本：工业园区阶段

20 世纪 80 年代，深圳率先提出"建立经济特区"，随后，我国提出了逐步兴建经济技术开发区的计划。在此背景下，我国各类工业园区如雨后春笋般大规模兴起，工业园区的发展对国家和地方经济发展与社会发展起着极大的促进作用。此阶段工业园区选址多离城市较远，位于城市边缘或与小城市为邻，沿交通轴线布局。园区发展基础较为薄弱，通过土地、税收等优惠政策和成本因素驱动，聚集人才、技术、资本等要素，产业以纺织服装、五金材料等技术含量低、规模较小的劳动密集型传统产业为主，功能形态以单一厂房为主，满足企业的生产制造功能，较少有其他功能和形态。

2. 园区 2.0 版本：高科技园区阶段

20 世纪 90 年代，经过十多年的发展，我国工业生产已经能够满足人民群众最基本的日常消费需求，产业亟须升级。与此同时，经济全球化加速了技术在全球范围内自由流动，成为我国园区转型升级的重要动力；各地也都提出了园区转型升级的政策举措，各类经济技术开发区、高新园区不断涌现。这一阶段，产业园区与城市互动关系相对松散，除了生产制造功能外，科技研发、商务办公等功能也逐渐出现；建筑形态以普通厂房为主体，但也有部分的标准化厂房、中试办公楼、孵化办公楼等形态；产业开始引入汽车制造、生物医药、电子信息等技术含量相对较高的产业类型，提出了高新技术产业概念。园区高新技术的发展，加快推动了当地产业转型升级，增强了区域的创新力和经济的技术附加值，推动我国开始由劳动力红利经济向技术红利经济发展。

3. 园区 3.0 版本：功能复合的综合性园区

21 世纪前 10 年，企业开始进行专业化分工，将精力聚焦于自己的核心业务，加快剥离企业内部的非核心业务，通过外包将非核心业务交给专业公司去处理，形成了生产性服务业，也间接推动园区演变为功能复合的综合性园区。这一阶段园区与城市关系日益密切，园区开始反哺城市；建筑形态与园区 2.0 版本相比，由于除了产业孵化等产业办公需求外，生产服务业功能迅速发展，致使工业厂房的比例大幅下降、商务办公楼成为园区的主体；产业包括原有生产制造企业，以及直接服务于生产过程的交通运输业、现代物流业、信息服务业、商务服务业、金融服务业等生产性服务业。从表面上看，功能复合的综合性园区只是通过生产性服务业完善和复合了园区的功能，其实是对产业分工的进一步细化，有利于主导企业增强自身核心竞争力的打造。

4. 园区4.0版本：产城融合的复合型园区

园区发展过程中，一直将产业放在首位。但由于产城融合度低，导致"空城""鬼城"等现象日益增多，"潮汐式交通"等也加大了交通压力。政府和园区管委会等在发展产业的同时，也在注重以人为本的服务理念，加快推动产城融合的复合型园区建设。园区与城市的关系是互融互促，一体化发展；为满足企业及员工全方位需求，园区以社区组织为形式，推动园区功能由片段式发展向全景式全面发展转变，在生产功能的基础上积极发展生产性和生活性服务功能，通过建设优质写字楼及知名医院、学校、居住、商业服务、休闲娱乐等设施，引导"产业＋生活"融合互动发展，打造"星级服务＋家"具有社区特色的园区。园区4.0版本与园区3.0版本产业区别不大，唯一区别就是生活性服务业开始大量发展。园区4.0版本功能充分考虑为科技人员营造创新创业环境，提供舒适生活居住条件、便捷的沟通交流空间、营造和谐的人文环境，通过提供系列以人为本的精细化服务、城市化功能，增强了人才和项目吸引力，实现了职住平衡，使得园区具备再一次腾飞的基础。

园区1.0版本到4.0版本，不是相互替代的关系，在现实社会中是同时存在的，只是在不同的时代背景，都会出现不同的主要发展方向。目前，园区已进入"产城融合"阶段，可以看到园区1.0版本、2.0版本、3.0版本都在或多或少向4.0版本转型升级，通过以产业为依托、以社区为基本的设计单元、灵活的地块划分模式、多样的居住选择，打造产业高度聚集、城市功能完善、生活环境优美的产业新城，实现园区和社区融合联动发展。既是园区，又是城区；既有产业，又有城市。

二、零工社区：创新社区的再创新

创新社区是以"创新、创业、创客、创意"和"新主体、新动力、新模式"为发展导向，以"空间＋生活＋社交"为核心，以整体规划实施园区一、二级开发建设为基础，融合创新主体所需的创业孵化、联合办公、加速培训、社群共享、文化社交、生活服务等产业发展和员工生活成长的各种要素，打造"开发＋建设＋运营＋管理＋服务＋生活"全产业链，形成生产生活一体化的新型社区，实现工作空间、生活空间、社交空间、消费空间之间的切换。

创新社区是园区发展到一定阶段的必由之路。从国外高科技园区发展经验看，随着园区产业的发展，人口向园区集聚的趋势明显，容易出现交通拥堵、环境污染、公共服务供给不足等众多问题，原有园区发展模式难以持续，因此园区企业逐渐外迁，在近都市郊区外围打造创新社区，形成新的地理中心。其中创新社区的典型代表为欧文，特点是距离创新核心区域较近，通过优越的居住环境、优质的公共服务聚集高端人才，提高区域创新能力。

我国与国外国情不同，科技创新主要集中在直辖市和省会城市，受人口、交通、土地、生态等制约，中心城区开发已经基本饱和、郊区创新基础较为薄弱，无法实现创新资源要素整体转移，因此，一方面要挖掘存量资源，通过对现有产业空间改造升级，提升整体创新水平；另一方面针对郊区新增产业空间，提前谋划，加强创新环境营造，聚集各种创新资源要素。创新社区正是解决目前国内园区困境的主要举措。首先，创新社区是以创新为导向，以培育产业链创新链为核心，推动科学技术转化和产业化；其次，创新社区以企业和人才需求为目标，聚集信息服务、法律服务、会计服务、知识产权服务、科技金融、公共服务平台等创新创业资源，打造完善的产业服务体系，为创新创业企业提供一站式服务；最后，创新社区以产城融合为推动力，以生产生活融合发展为特色，提供居住服务、生活服务、教育医疗、休闲等，配套公共活动空间，有效解决职住不平衡问题，为创新创业人才提供良好的生活环境，实现创新创业和生活的有效协同。

随着信息通信技术的融合发展，物联网、大数据、云计算等新一代信息技术正成为创新社区巨大变革的推动力，创新社区逐渐向零工社区转变。零工社区是通过互联网和移动技术快速匹配供需、交易、交流，加快建设线下孵化中心、联合实验室、培训中心、成果交易中心等载体，打造零工线上线下 O2O 联动社区。从广义上说，零工社区是创新社区的重要组成部分，主要根据目前互联网、移动技术和人们工作理念对创新社区进行创新；从狭义上说，零工社区和传统创新社区还有所不同。

一是面向对象侧重点不同。创新社区是针对专家、学者、企业家等高端创新创业人才，扩展到专业技术人才等中端人才，而零工社区面向所有人群，体力劳动者和脑力劳动者，只要拥有一技之长，都能通过零工社区寻找到适合自己的工作。

二是工作性质侧重点不同。创新社区主要集中针对全职工作而言，最近随着双创的推广，也开始探索利用人们的下班后的业余时间。而零工社区从创建之日起主要利用人们的闲暇时间，根据自己的特长、资源，帮助别人或者公司解决问题，项目趋向短平快，支付报酬和结果挂钩。

三是工作方式侧重点不同。创新社区在园区或者高校院所附近区域，引入孵化器、众创空间等，建设人才公寓等，融合产业发展

98

和员工生活成长等各种要素，营造良好的创新创业氛围，实现创新创业和生活的有效协同。而零工社区是通过互联网和移动技术，打造智力共享平台，匹配供需。如"猪八戒网"，企业发布需求，如文案、设计等，并附加相应的报酬，人们可以根据自己的条件应招，如提供的产品或服务达到企业要求，就可以拿到报酬；目前注册用户超过 1200 万，累计交易额超过 56 亿元，日均交易量和日均交易额分别达到 10000 笔、800 万元左右。

三、促进以人为中心的知识产权转化

19 世纪，公司逐渐成为主要的经济主体，21 世纪，随着互联网技术发展，每个人获取信息和资源较为便利、成本较低。在这种背景下，零工社区的"互联网平台＋个人"正逐渐取代"公司＋员工"结构，成为一种全新的组织形式，促进个人创造力的释放、知识产权的转化。

1. 互联网改变了公司传统科层制管理组织

股份有限公司已成为工业革命后人类在组织管理上最大的制度创新，19 世纪末 20 世纪初美国"公司化"运动推动科层制管理体系在所有经济社会领域应用，公司逐渐成为现代社会的基本结构。在旧有公司体系里，科层制是基于权威的纵向控制体系，人与人之间的关系是依赖性的顺从，只有那些遵守公司制度和流程、不做创新、不犯错误的员工有生存空间，有思想、不墨守成规的员工，除非丢掉自己的个性，否则只有离开。这种组织结构在发挥其纪律性、稳定性、精准性价值的同时，致使管理成本较高、效率低下、创新能力缺乏，无法适应快速、不确定市场环境等问题。

目前，随着互联网时代来临，公司旧有科层制管理体系正在受到越来越强烈的冲击，以自组织柔性化开展的社会化协作正逐渐成长为一种主流的组织方式。主要表现为：一是公司整合国内外优秀专业化资源，将不具有核心竞争力的业务向市场外移，即所谓的"外包"，而把精力集中在擅长的业务领域，实现增强自身核心竞争力、对环境应变能力和降低成本、提高效率的目的。二是自组织柔性化共同体将逐渐涌现，个人将凭借兴趣爱好，进行分享、合作和技术创新。

在维基百科，全球任何人都可对大部分页面使用浏览器进行阅览和修改，所有文本、图像和内容在知识共享署名——相同方式共享3.0协议下发布，以确保内容的自由度和开放度。截至2015年11月1日，维基百科全球所有语言的独立运作版本条目突破3700万，英文条目数突破500万，用户突破5900万，编辑次数超过21亿。

在戈尔公司，组织是扁平化的网状形式，底层领导不由高层领导任命，而是来自同事的认可，通过"自然领导"和"自我委派"推动人流向最适合自己岗位，实现人、事的最佳匹配。同时，这种网状形式，意味着在同一层面有多个节点，加快信息在各个方向流动，不需要经过中间环节，每个人的工作都是同级，从而释放个人力量。截至目前，戈尔创立50余年一直保持着稳定的收益增长。

无论是维基百科还是戈尔，跨界进行组织的成本都在大幅降低，关于未来公司组织管理和个人关系，不再是传统的分派任务，而更多的是根据员工的专长、兴趣，调动其主观能动性，展现个人的价值创造。

2. 互联网平台加速了零工社区的兴起

平台是一种真实或虚拟的交易场所，本身不生产产品，但可以促进多方供求之间进行交易。平台模式由来已久，直到与互联网的结合，产生互联网平台，它才具有了全新的规模、内涵和影响力，对传统企业形成了强烈的冲击。如滴滴出行用互联网连接了所有的交通工具，改变了传统的出行方式，2015 年，全年订单总量达到 14.3 亿元，接近美国同年出租车订单量的两倍，成为出行第一大互联网平台，除淘宝之外的第二大互联网交易平台；未来滴滴出行将用大数据和人工智能综合调动平台上的所有交通工具。

正如索尼公司创始人井深大总结索尼衰落的根本原因时说过：新一代基于互联网 DNA 企业的核心竞争力，在于通过新模式和新技术贴近消费者、了解消费者需求，并根据得到的信息进行预判，致使所有传统的产品企业只能沦为这种新型平台公司的附庸，其衰落不是管理所能扭转的。

所有企业都会遇到是集群控制还是分权创新、是纵向控制还是横向协同以及如何与外部需求对接等难题，互联网时代，公司通过管理、服务、业务等后端的云平台支持前段的灵活创新，通过"多个小前端"有效对接多种个性化的需求，通过"大平台＋小前端"实现企业组织变革，也加速了大企业向大平台裂变，小企业聚合为大平台，平台承担了基础服务、资源调度的功能。如海尔的自主经营体、淘宝的网络零售平台。

在互联网平台上，随着全社会协同成本的大幅降低，公司内部效率远低于外部效率，企业组织规模注定走向小微化，"多人企业"将裂变为多个"个人企业"，单个的个体进一步碎片化，每个人在各个以任务为中心、以流程为驱动力的临时组织承担不同角色，个人正在迎来自身发展的黄金时代，推动零工社区加速发展。据 BBC 统计，英国自由职业者数量达到 500 万，与公共部门员工人数相当，美国自由职业者数量达到 5400 万人，是美国劳动人口的 1/3，类似"90 秒""猪八戒网"等基于互联网云平台的零工社区不断涌现。

3. 人人时代将推动个人知识产权转化

在大企业中，每个员工都只是价值链的一个细小环节，难以察觉自己创造了多少价值，跨部门协作难度较大。随着零工社区的发展，将推动我国进入"人人时代"。正如美国教授克莱·舍基在《人人时代》中认为，未来将进入"人人时代"或者叫作"大规模业余化"，人人与人民的不同之处就在于，人人是一个个具体的、感性的、当下的、多元化的人，他们之间的组织是一种基于话语的、临时的、短期的、当下的组合，而不是一种长期契约。

弗利德曼在《世界是平的》中将全球化分为三个阶段。全球化 1.0 阶段，开始于 1942 年哥伦布发现新大陆到 1800 年左右，主要为国家间融合和国际化，是劳动力推动着这一阶段的全球化进程，这期间世界从大变为中等；全球化 2.0 阶段，从 1800 年到 2000 年，蒸汽机、铁路、电话、计算机等各种硬件的发明和革新是这阶段全球化的主要推动力；全球化 3.0 阶段，2000 年开始，个人逐渐成为主角，软件的不断创新，网络的不断普及，让世界各地的人们可以通过网络实现社会分工。个人的知识产权产生及转化将成为未来发展的新趋势。

第三篇

03

助力双创：丰台科技园
打造零工社区

第九章

提出零工社区的背景

一、"知识"的总部经济

随着知识经济和经济全球化深入发展，知识产权日益成为企业发展的战略性资源和提升竞争力的核心要素。首先，知识产权可促进智力成果转化为直接生产力，产生经济效益。知识产权的创新性使拥有知识产权者处于交易的优势地位。知识产权使用是一次性投入，且具有可无限传播的特点，比传统生产要素更具有优势，可有效降低企业成本。其次，知识产权可通过转让、许可、特许等价值增值方式，促使知识产权商品化。可转让性促进了智力成果的推广、应用和传播。而且，知识产权可通过抵押、质押等形式转化为无形资产进行融资，从而可以直接为企业解决资金问题。最后，知识产权的策略性布局日益成为企业掌握发展主动权的重要手段。拥有知识产权优势的企业成为所在行业的领跑者和标准制定者。技术实力较强的企业在市场竞争中有意识地布局基础专利，可以抢占技术制高点，有效阻止其他竞争者进入，获得稳定持续收入。

美国近几十年经济持续增长和生产率不断提升，往往会归功于科技的进步，但基本的因素一直是知识产权的力量，20 世纪 80 年代，美国在科技创新方面出台了拜杜法案和史蒂文森－怀特勒创新法案等知识产权法律，极大地推动了科技创新成果的保护和商业转化。我国当前已经成为知识产权大国，但还存在"大而不强、多而不优"的问题，迫切需要促进由大到强的转变。为推动知识产权的运用与保护，2014 年 12 月，国务院出台了《深入实施国家知识产权战略行动计划（2014～2020 年）》。时隔一年，北京也出台了《关于深入实施首都知识产权战略行动计划（2015～2020 年)》，为知识产权的运营与保护创造了良好的政策条件。

中关村丰台园总部经济目前已经发展到第五代，是以创新培育为知识产权纽带的第五代总部经济。总部作为企业的"指挥控制中心"，集中了研发、营销、战略管理、资本运营等企业价值链中知识含量最高的区段，如果没有完善知识产权的保护，每一个环节的竞争力都会大打折扣。因而未来总部经济的发展更加依赖于知识产权的运营与保护。

二、"人"的共享经济

凡有剩余，皆可分享。短短的三五年时间，共享经济已经渗入出行、空间、饮食、金融、二手交易、物流众包、专业服务、个人服务、医疗服务、教育等行业领域，同时，农业、电力等传统行业领域内也出现了共享经济的星星之火。抛开共享经济复杂的商业模式表象，究其本质来看，共享经济离不开人。罗宾·蔡斯在《共享经济：重构未来商业新模式》一书中也强调了人的作用，书中指出"过剩产能＋共享平台＋人人参与"，从而形成崭新的"人人共享"

模式，实现组织优势与个人优势的结合。刘国华和吴博在《分享经济2.0：个人、商业与社会的颠覆性变革》中提到："移动终端＋'互联网＋'＋存量高效激活＋万众参与＝分享经济2.0"，这个公式中也涉及人的因素。

移动互联网时代带来了个体价值的崛起。网络数字技术及其应用，使得个人在经济上的参与广度、频度、深度，甚或强度都获得了极大的提升。借此，个人的经济势能得到极大的释放，使之成为社会经济体系中最为活跃的部分。共享经济也带来了个人身份的崛起。计划经济时代，个人被塑造为社会机器的某个必须的螺丝钉，工作岗位与职业身份基本是终生匹配制。而在市场经济时代，价值观更加多元，个人不再单纯地追求成为社会机器的某个固定零件。在共享经济背景下，一个人可以具有多重身份。由于大量临时性工作需求的出现，越来越多的人成为共享经济大潮下的从业者，私人大厨、私人外教、私人大夫、私人助理、私人顾问和私人物流等新兴身份标签将大量出现。而且，个人可以通过移动终端在线上把自己的劳动、知识、经验、技术等资源转化成经济收益，这成为构建商业形态的重要一环。

丰台科技园倡导的零工社区正是在共享经济的背景下产生的，从业者不再隶属某一个固定组织或平台，而是将带有某种能力的标签放在线上，并随时随地地进行在线共享，协同需求快速匹配，来实现自身目的和价值。这一趋势越来越明显，明显到传统的雇佣关系似乎正在崩塌，而新型的合作关系制度正在重建。将来会有越来越多的个人追求这种更加自由自主的合作关系。

三、孵化器专业化

为推动经济结构调整和创新驱动发展，中国政府提出了"大众创业、万众创新"的战略号召。在这一战略号召下，中国政府对商事注册制度、科研经费使用制度、创新产业的税收减免制度等，进行了一系列的重大改革，极大地鼓励了创业、创新的热情，一个创新创业的时代正在拉开帷幕。截至2015年底，中国已有近5000家科技企业孵化器和众创空间，位列全球第一。其中，国家级"双创"平台1258家，包括515家国家级众创空间和743家企业孵化器、加速器以及产业园区。目前，丰台区集聚了21家孵化器网络、12个创客空间以及正在释放的10万平方米孵化空间。

伴随产业转型升级的节奏加快，以科学技术为基础、以模式创新为特色的新兴产业向纵深发展，创新创业领域更加专业化和细化，传统的综合型孵化器的普惠性服务和专业人才的缺乏，不能够满足创新创业企业或团队的个性需求，甚至在一定程度上挤压了其发展空间。传统的综合型孵化器多以租金作为重要盈利来源，甚至是唯一的盈利来源，更多的是依赖政策的短期支持，一旦失去政策补贴，孵化器运营将难以为继。加之一线城市场地租金过高，新创企业对成本高度敏感，租金的调整极有可能导致客户资源的流失。以上因素推动了孵化器向专业化的方向发展。

专业化是指企业孵化器在发展的过程中要找到自己的核心优势行业。企业孵化器在培育在孵企业时，如果能够精通其所在的行业，则能够比较容易地辅导该企业的成长，并能够实现专业化分工的规模效益。由于时间、精力和资金等资源有限，企业孵化器不可能擅

108

长于所有的行业，因此需要聚集于某一个或者某几个相关的行业，并积累起自身在这一领域的核心优势，这正是专业孵化器能够快速发展的主要原因。孵化器的日趋专业化不仅能为企业提供专业化的创业设施，还能通过专业的技术引导及政策指导，为企业发展克服一切潜在瓶颈。

目前，在美国、以色列、中关村等地已自发形成具有内在专业化分工的创业服务生态。在美国创业者和天使投资人最密集的地方硅谷，孵化器的垂直化程度很高、专业性非常强。美国洛杉矶的孵化器，紧邻几个知名大学，主要依托 USLA 和 UCSD 等大学，在孵化器垂直产业的选择上也被这几所大学所影响，主要偏好大学的优势专业，以期高度合作，提升孵化成功率。其他的还有 YC、Seed Camp、创新工场等创业加速器；有 I/O venture、Summit、车库等创业咖啡；有 Tech Crunch、Silicon Valley Insider、36 氪等科技博客；有 Angellist、Seed Summit、创投圈等网络社区；有 KF Forum、Angel Resource Institute、天使会等联盟组织；许多大学开办了创业课程和创业实验室。丰台科技园零工社区正是顺应这一趋势，发挥自身优势，努力打造若干专业化特色孵化器，以此激发创新原动力。

表 9 - 1   2016 年中国孵化器竞争力 TOP30

排名	名称	排名	名称	排名	名称
1	创新工场	11	优客工场	21	京西创业公社
2	联想之星	12	南极圈	22	极地加科企业孵化器
3	创业邦	13	天府软件园创业场	23	微软创投加速器
4	氪空间	14	腾讯创业基地	24	IC 咖啡
5	创业黑马	15	前海厚德	25	星云智能硬件众创空间
6	3W	16	中大创新谷	26	IBI 咖啡

续表

排名	名称	排名	名称	排名	名称
7	深圳创新谷	17	车库咖啡	27	海尔海创汇
8	柴火创客空间	18	京东 JD＋孵化器	28	CCIC 联合文创
9	飞马旅	19	北大创业孵化营	29	创投圈
10	广州文投创工场	20	启迪之星	30	InnoSpace（创智空间）

四、知识产权萃取

知识产权通俗来讲就是智力成果所能变成的一般等价物。在知识产权制度建立以前，商人和工匠为了维护生意的门道可谓是想尽办法，如中国的"传男不传女""杀鸡烧香入行会"等，中世纪威尼斯的玻璃器皿商人如果在别的城市建立分店，甚至还会遭到其他行会暗杀。随着时代的发展，为了不至于让广大脑力劳动者血本无归，人类发明了知识产权制度，对于发明、文学和艺术作品，以及在商业中使用的标志、名称、图像和外观设计给予法律形式上的保护。

党的十八大报告在提出实施创新驱动发展战略时指出："科技创新是提高社会生产力和综合国力的战略支撑，必须摆在国家发展全局的核心位置。"这是我国在三期叠加的关键时期实现转型发展、结构调整和可持续发展的必然要求。同时，报告明确要求实施知识产权战略，加强知识产权保护。由此可见，知识产权与科技创新关系紧密，科技创新离不开知识产权的作用。在市场经济条件下，知识产权对创新成果的权利归属、利益分配以及维系创新可持续性的作用越来越突出。知识产权对科技创新发挥创值与增值、激励、规范、评价和保护作用，以此去巩固科技创新和发展科技创新。

　　然而当前由于知识产权保护不够完善，创新遭遇窘境，许多科研投入用来生产无用的论文，而许多有潜在实用价值的发明创造又被束之高阁；许多的资源被浪费掉了，而一些勇于探索技术转化的学者则有可能陷入法律的羁绊。从北京来看，科技类企业虽拥有巨量的有效专利，但核心专利偏少，这导致企业参与全球交易的能力也不足。同时，高校和科研机构专利转移转化率较低，大量的知识产权得不到有效运用。因此，创新成果的独创性以及产业化条件是亟待解决的问题。

　　针对上述科技创新的痛点，2016 年 3 月，国内首个专利萃取众创平台在中关村丰台园成立。专利萃取众创平台是丰台区整合和调动社会资源、运用"互联网 + 众创空间 + 专利运营"的创新模式，所建立的为促进专利运营、科技人员下海创业和科技成果向中小微企业转移提供一站式服务的专业服务平台。平台从全国近海量专利技术中进行全网筛选比对，对知识产权进行高效萃取，协助创新创业者了解其拥有的专利价值。包括四个专业子平台：一是"互联网 + 专利运营"信息平台，实现找研发、找设备、找专家、找专利、找服务和找资金六大功能；二是知识产权高端服务平台，提供专利检索、战略研究与分析、知识产权二次开发、知识产权预警、人才教育培训等知识产权高端服务；三是知识产权金融平台，为有自主知识产权的企业提供"知识产权 + 股权"质押融资服务，整合知识产权运营基金，推动知识产权质押、投贷联动等金融创新模式；四是众创孵化平台，提供企业入驻、虚拟办公、培训辅导等创业服务。专利萃取众创平台，能够让创业者选取到有用的知识产权，规避创新创业风险，从而提升整个社会的创业成功率，减少社会资源的浪费。可以预见，未来，类似于专利萃取众创平台，旨在解决科技创新痛点，打通创新链条，提高创新效率的功能平台将在北京乃至全国大量出现。

五、大数据应用

大数据不仅仅是一种技术现象、经济现象，更是作为一种价值观和方法论，正在深刻地改变我们的思维方式。大数据时代万事万物都会以数据化的方式存在，一切都是数据，数据就是一切并非虚幻。《大数据时代》作者舍恩伯格指出："大数据时代的来临使人类第一次有条件和机会在非常多的领域和非常深入层次获得和使用全面数据、完整数据和系统数据，深入探索现实世界的规律，获取过去不可能获取的知识，得到过去无法企及的商机。"大数据的应用已经渗入农业、工业、商业、金融等各领域，大数据转化为经济能量的场景越来越多，越来越广，未来有望解决一些重量级的难题和困境。

比如拉动内需，这对于当前我国经济持续健康发展的重要性已是众所周知。政府采取了金融、政策等各种措施来拉动内需，但效果一般。大数据也许能很好地把内部需求挖掘出来，激发巨大的内需增量，从而引发产业的巨大变革。阿里巴巴提出利用互联网聚合并激发消费能力，通过大数据和 C2B 的方式，使潜藏的内需存量转变为能够拉动经济增长的内需增量。2015 年"双十一"阿里巴巴平台交易额达到 912.2 亿元，同比增长将近 60%。其中移动端交易额达到 626.42 亿元，占比超过总交易额的 2/3。2016 财年电商交易额破 3 万亿元，到 2020 年预计将达到 10 万亿元。这相当于现在十个大省的实体交易量。巨量交易额的背后隐藏着大数据的巨大作用。对于启动内需来说，大数据的最大功能在于促使商业模式从 B2C 向 C2B 转变，实质上是生产者（B）和消费者（C）两者关系的变化。在著名的淘宝村江苏省睢宁县沙集镇，普通农民获得网上订单后，由原来生产组织体系中的从属地位转变为新生产组织模式中的龙头或核心地位，生产商会按照他们获取的订单来组织生产。野村综合研究所把这种现象称为"产消逆转"。

　　在这个过程中大数据的作用显露无疑。原来的商业模式 B2C 与新的商业模式 C2B 所涉及的数据问题完全不同。原先的生产组织过程以企业或者生产业为核心，企业一对多地向消费者发布产品信息，商品最终到达消费者，在这个过程中，数据相对简单。而在 C2B 的新模式下上述过程正好倒置，由于消费者的经济势能在网络环境下得到极大地释放，成为生产组织体系中最活跃和最有力量的部分，企业必须直面数以亿计消费者发出的个性化需求信息，根据这些数据定制产品。信息交互在这一过程中至关重要，要求大数据在其中发挥重要作用。大数据帮助我们从消费者一端重新认识经济过程或经济体系，从而帮助生产者实现价值。丰台科技园零工社区正是基于大数据发展潮流而产生的。

第十章

众创空间与零工社区

一、众创空间的兴起

2014 年，在夏季达沃斯论坛致开幕辞时，李克强总理提出要掀起"大众创业""草根创业"的新浪潮。2015 年初，李克强总理考察深圳"柴火创客空间"，称赞年轻"创客"充分对接市场需求，创客创意无限；并在随后的国务院常务会议上，提出研究确定支持发展众创空间推进大众创新创业的政策措施。2015 年 3 月，两会的政府报告中，李克强总理将"大众创业、万众创新"提到中国经济转型和保增长的"双引擎之一"的高度。同月，国务院办公厅出台了《关于发展众创空间推进大众创新创业的指导意见》，从国家层面全面部署"大众创业、万众创新"。自此之后，"众创空间"在各种媒体上频繁出现，成为网络的热词，各地政府相继出台相关政策文件支持众创空间发展，各种众创空间纷纷挂牌成立，呈现"井喷式"发展态势。

1. 众创空间内涵

"众创空间"是科技部在调研北上广深等地的孵化器、创客空间等基础上，总结各地的创新创业的经验后提炼的新词。中关村管委会创业处杨彦茹处长认为，"众创空间"代表着一种互联网时代的新型孵化服务器，创客空间、创业咖啡、创新工厂，甚至科技媒体等，都是众创空间的具体表现形式。根据国务院办公厅《关于发展众创空间推进大众创新创业的指导意见》以及目前我国"众创空间"呈现的一些特点，将"众创空间"定义为：为顺应网络时代大众创业、万众创新的新趋势和特点，充分利用互联网和开源技术，通过市场化机制、科技资源开放共享、专业化服务、资本化途径、政策集成优势等，为企业的创新创业提供一站式、全链条增值服务以及良好的网络空间、工作空间、社交空间、资源共享空间，打造低成本、便利化、全要素、开放式的商业平台的统称。因此，"众创空间"不仅是物理空间，而且是依托新型孵化器，构建线上线下"开放式"创新创业生态系统。

从广义上说，"众创空间"不仅包括传统的孵化器，还包括一些新型孵化器。与传统孵化器相比，众创空间门槛更低，能针对不同类型、不同成长阶段企业的需求，提供与之相适应的一系列创新创业企业所需的市场、技术、资金、人力、环境、政策等各种支持和资源网络，打造完善的创新创业孵化链条。

2. 众创空间的特点

在我国众创空间发展过程中，主要呈现出开放性、协同性、低成本、便利化等特点。

表 10 -1　众创空间的特点

序号	特点	具体内容
1	开放性	针对所有公众用户开放，创业主体面向"大众"

续表

序号	特点	具体内容
2	协同性	通过沙龙、培训等活动，开放式办公环境，促进创新创业者相互沟通和交流、资源共享，通过"聚合"产生"聚变"的效应
3	低成本	提供的场地、服务等均低于市场价
4	便利化	通过提供场地、举办活动等，方便创新创业者进行产品展示、观点分享、项目路演等；同时为不同阶段创新创业企业提供与之相适应的服务，如金融服务、工商注册、法律、市场等，促进其快速发展

3. 国外众创空间发展

在国外，众创空间一般称为"创客空间"。在过去很长时间里，全球众创空间数量较少，随着开源电子原型软硬件平台 Arduino 的发明，人们对于专业人士和流水线进行硬件生产和创作的依赖性大幅降低，同时，众筹机制进一步完善。在新工具、创客文化、开源软硬件等共同推动下，众创空间在全球急速发展。根据全球创客空间维基站点统计，截至 2015 年 5 月，全球众创空间的数量从 2008 年的 200 多个增至 1899 个，分布在 120 多个国家，欧美各占 40%。奥巴马政府大力推动美国众创空间发展，2012 年宣布未来 4 年里在 1000 多学校引入众创空间，并于 2014 年将每年 6 月 18 日定为"国家创客日"。

经过多年发展，国外众创空间发展比较成熟，Hackspace、Fab Lab、WeWork、Regus、Makerspac、C – base 等各种形式的众创空间已经逐步形成，对创新创业起着重要推动作用。

Hackerspace 概念来源于欧洲黑客的聚会。2007 年 8 月，北美的黑客参加德国的 Chaos Communication Camp，激发其建立类似场所的念头，于是回到美国后创办了 NYC Resistor、HacDC 和 Noisebridge 等众多黑客空间，用于设计制造电子回路、制作实体模型、制作实体原型、建立学校、开展活动等。

Fab Lab 即微观装配实验室，一个快速建立原型的平台，是美国MIT（麻省理工学院）与原子研究中心发起的一项新颖的实验，用户通过微观装配实验室提供的开源代码软件等电子工具、硬件设施及材料完成用户想象中产品的设计和制造。微观装配实验室最初灵感来源于哲申费尔德教授在麻省理工大学开设的"如何能创造任何东西"课程，在课堂上，没有经验的学生可以根据想象制造出任何产品，如收集尖叫的合资、防御性毛刺的裙子等，这种实现随心所欲的个性化需求目标，逐渐成为微观装配实验室萌芽的创新研究理念。截至 2014 年，全球已经建立了 200 多家遵循类似理念和原则的实验室。

WeWork 是一家美国房地产公司，成立于 2010 年，专注于联合办公租赁市场。主要方式是在一些租金较为便宜的地区租用楼面，进行二次设计，再将其以较高的价格租给创新创业团体或个体，赚取利润。在日常经营过程中，不仅为创新创业者提供办公室、会议室、休闲娱乐设施等物理空间，还提供定期社交活动、充当中间人、完善办公空间的社交功能，为创业者、投资人、企业间搭建业务或资本合作的桥梁。

Regus 成立于 1989 年，总部位于英国，是一家全球领先的工作场所创新解决方案供应商，旗下产品主要包括商务会议室、虚拟会议室、专业会议室、商务环球、视频通信、灾难恢复等，支持个人或企业可随时随地以任何形式小公。2014 年，Regus 已在全球开设了 3000 多家商务中心，营业收入、净利润分别达到了 16.76 亿英镑、1.04 亿英镑，同比增长 15.8%、27%。

Makerspac 为配备工具的社区中心，参与主体可是商业公司或非盈利公司、学校或图书馆、拥有相同兴趣的团体等，主要方式是通过整合制造设备资源，打造社区，对成员进行必要的培训，支持成员利用社区资源设计建模，制作出无法独自完成的产品。

C-base 成立于 1995 年，是德国的一家非营业协会，拥有 450 名成员，目的是提高计算机相关软件、硬件和数据网络等方面的知识和技能。自成立以来，C-base 举办了大量的活动，如儿童节向小朋友介绍计算机辅助设计等相关内容，其总部也会为周边其他团体的活动提供支持和帮助。

4. 国内众创空间发展

2015 年，是中国众创空间发展的元年，随着政府推动经济转型升级，提出了"大众创业、万众创新"，相继对科研经费使用制度、普惠性税收制度、商事注册制度、资本市场等进行了重大改革，极大激发了社会创新创业热情，企业数量屡创新高，来自国家工商总局的统计显示，2015 年全国新登记企业 443.9 万户，同比增长 21.6%，营商环境在 189 个经济体中排名第 84 位，排名提升 6 位。

基于需求的变化，众创空间如雨后春笋般迅速发展，万钢在 2016 年全国科技工作会议中提到，目前全国各类众创空间已超过 2300 家，与现有 2500 多家科技企业孵化器、加速器，11 个国家自主创新示范区和 146 个国家高新区，共同形成完整的创业服务链条和良好的创新生态，在孵企业超过 10 万家，培育上市和挂牌企业 600 多家。腾讯《2016 年创新创业白皮书》预测，2016 年我国众创空间数量或超过 4000 家，其中北京、上海、深圳跻身"第一梯队"。

2016 年，北京市科委联合北京创业孵育协会、北京众创空间联盟及社会研究机构，共同发布《2015 年北京市众创空间发展报告》和《北京市众创空间蓝皮书 2015》。报告显示，北京市已从仅仅为创新创业者提供物理空间，到提供专业性增值服务，再到现在通过科技型专业化平台加快资源开放共享，形成以众创空间、孵化器、园区为核心，各类服务机构有机联系的创新生态。截至 2016 年，北京市共有众创空间 200 多家，其中在北京科委备案的众创空间有 141 家，孵化器和大学科技园区 150 多家，各种服务性企业超过 2 万家。模式有活动聚合型、培训辅导型、媒体驱动型、投资驱动型、地产思维型、产业链服务型、综合创业生态体系型。

截至 2015 年 11 月底，上海市众创空间约有 450 家，同 2014 年 200 家相比，增加了一倍，呈爆发式增长，其中 20 家众创空间纳入第二批国家级众创空间，至此，共有 55 家纳入国家级孵化器管理；各类孵化器，同比增长近 30%。众创空间大致可分为创客型、孵化型和服务型三大类。

表 10 - 2 北京众创空间发展模式一览表

模式	特点	代表
活动聚合型	以活动交流为主，定期举办想法或项目的发布、展示、路演等创业活动聚合	北京创客空间
培训辅导型	利用大学的教育资源和校友资源，以理论结合实际的培训体系为依托，是大学创新创业实践平台	清华 x - lab、北大创业孵化营
媒体驱动型	由面向创业企业的媒体创办，利用媒体宣传的优势为企业提供线上线下相结合，包括宣传、信息、投资等各种资源在内的综合性创业服务	36氪、创业家
投资驱动型	针对初创企业最急需解决的资金问题，以资本为核心和纽带，聚集天使投资人、投资机构，依托其平台吸引汇集优质的创业项目，为创业企业提供融资服务，从而提升创业成功率	车库咖啡、创新工场、天使汇

模式	特点	代表
地产思维型	由地产商开发的联合办公空间，类似 WeWork 模式	SOHO 3Q、优客工场
产业链服务型	产业链服务为主，包括产品打磨、产业链上下游机构的合作交流、成立基金进行合投等	创客总部
综合创业生态体系型	提供综合型的创业生态体系，包括金融、培训辅导、招聘、运营、政策申请、法律顾问乃至住宿等一系列服务	创业公社

表 10-3　上海众创空间联盟众创空间发展模式一览表

模式	特点	代表
创客型	（1）创客孵化：为创客提供办公空间，帮助创客团队把产品推向市场。 （2）创客交流：作为创业者及投资人，提供思想交流和资本对接的空间	（1）创客孵化：蘑菇云、AC117、创客大爆炸、飞天网等 （2）创客交流：Talk 沙龙、极客咖啡、小小创客
孵化型	（1）种子期孵化：扶持培养初创团队，筛选成熟项目进行种子期股权投资 （2）全过程投资：服务于创业的全过程，包括产品研发、上下游机构合作	（1）种子期孵化：MC 创投梦工场、天使中国、启创中国、苏河汇等 （2）全过程投资：UCloud、创客邦、新微创源孵化器等
服务型	（1）媒体平台：依托媒体宣传优势，为创业企业提供宣传、信息、投资等服务 （2）培训教育：为创业者提供全方位职业技能培训	（1）媒体平台：出版，创新工具类 （2）培训教育：创业汇、乔杰创、科创50等

5. 丰台园众创空间发展

目前，丰台园已改变过去单一以经济贡献为导向的评价体系，以创新创业环境、创新要素集聚、特色产业集群、创新企业成长、国际化等为重点，构建多维度评价创新体系，加快创新能力建设，促进园区转型升级。同时，借助中关村创新平台，中关村丰台园在高新认定、项目申报、融资服务、人才培育等方面形成了较为完善的服务体系，营造了创新创业生态环境，增强了对创新创业要素的吸引力。

丰台区政府先后出台了《丰台区关于促进众创空间、科技企业孵化器发展的支持办法（试行）》等政策举措支持众创空间发展。北京IBI（北京国际企业孵化中心）为丰台园中小企业提供孵化服务的重要支撑机构，正紧抓高技术产业发展的有利契机，整合资源要素，建立了由15家孵化器组成的丰台园孵化网络，孵化面积达20多万平方米，聚集了1700多家科技型中小微企业和5万多名创业者。近年来，IBI咖啡、依文全球创客空间、贝壳菁汇创新生态圈、蒙面师事务所、黑钻石路演等各种新型孵化器不断涌现，搭建了产业联盟平台，加快企业信息的相互联通，参与组建基石基金、文化中国等12支创投产业基金，总规模达到50亿元。2016年10月，中关村贝壳菁汇创新生态圈和军民融合创汇进入国家第三批众创空间名单，被纳入国家级科技企业孵化器的管理服务体系，至此，丰台园被北京市科委、经信委和区科委认定的众创空间和中小企业创业基地达到7家。

二、"零工"时代的众创空间发展

2016年,"新经济"首次写入政府工作报告,并提出通过发展"新经济"培育新动能,加快经济转型升级。"平台经济""共享经济""微经济"三者相辅相成,是以互联网为依托的新的经济形式,将推动技术进步和商业创新,为我国经济发展提供新动力。同时,近两年我国众创空间快速发展,但由于其仅提供简单物理空间,盈利模式单一、成长动力缺乏等原因,没有有效解决创新创业的痛点,致使很多众创空间没有核心竞争力,就此消亡。

在"新经济"和众创空间发展乏力背景下,中关村丰台园依托互联网,首创了线上线下联动共享平台(零工社区),作为丰台园破解科技创新痛点和瓶颈的切入点。丰台园的零工社区是依托丰台园的科技型企业和工程师等资源,通过互联网和大数据技术,整合和合理调配当前碎片化的智力资源,为创新创业的团体和个人提供与之相适应的服务,激发科技创新人才的活力,构筑共享经济下的创新创业生态圈。

1. 对接智力资源需求

丰台园是北京第二大技术知识密集区。2015年,高技术企业从业人员达到17万人,同比增长5.2%;其中研发人员、高中级技术支撑人员分别为3.1万人、1.1万人,同比增长6.8%、4.2%,研发经费支出同比增长44.6%,达到94.9亿元。科研成果增长较快,高新技术企业专利申请数、专利授权数分别为2871件、1907件,同比增长33%、32.4%。随着丰台区大力推动创新创业,园区企业数量大幅增长,2015年数量达到1万多家。

但是，丰台园在服务创新创业过程中，经过大量调研发现，很多传统孵化器，乃至部分众创空间，初期以提供较低的物理空间为主，提供服务较少，发展到一定阶段后，通过打造公共技术平台为创新创业者降低成本，但是，随着经济社会环境改变，这些已不是创新创业最迫切需要解决的问题。

譬如，有些创业者有很好的创意，但不知道采取何种方式去实现，去哪里找到资源将创意变为产品。很多工程师，有很高的技术水平，也能很容易找到合适的技术平台，能够轻松地将产品做出来，但无法像企业家那样，拥有很强的市场推广能力。对于拥有自主知识产权转化的创业者来说，成果转化是最大的难题。

我国社会上缺乏智力资源参与创新创业的渠道，丰台园内也有很多人才的智力资源未被充分挖掘，大量创新需求没有被满足。如果丰台园在推动创新创业过程中，将智力资源和创新需求进行有效对接，在很大程度上将提高创新创业成功率。丰台园的零工社区通过环境友好的创业空间、管家式服务、公共技术服务平台、投融资渠道、创业导师等，对供需双方进行信息整合和要素匹配，将有创意的人和有方法的人进行结合，集众智、汇众力、传承工匠精神，提高创新创业者成功率。此外，零工社区通过大数据技术，可在全国近9000万件海量专利技术中进行获取专利价格信息进行对比，也可查找专利相关分析报告，制作专利产业化指数，帮助创新创业者详细了解相关专利的价值和创业的风险。

2. 打破物理连接壁垒

丰台园"零工社区"线上平台是通过互联网和大数据技术聚集高端智力资源的，在这个平台上，创新创业者可以发布需求，通过系统精准匹配所需的专家，也可以找零工、大咖查政策，从海量知识产权库中找到所需的知识产权。对于专业技术人才和丰富经验的从业人员，可以凭借自身技能、资源，通过"打零工"实现自身更高价值。

线下依托丰台园贝壳菁汇、黑钻石、国信优易等众创空间，将IP萃取中心、文创工坊、大咖诊室、头脑风暴室等功能。在"零工社区"，个人可以与大咖进行点对点的交流，解决创新创业过程中遇到的困难，也可根据自身技能和资源，帮助别人解决相关问题；企业可以找到业内专家解决技术难题，分享自身成功经验；创业者借助平台降低创新创业成本和风险，提高成功率；众创空间可通过平台提高知名度，共享平台上的智力资源和项目资源。

从线上到线下，"零工社区"依托丰台园的1万多家企业、7万多名工程师、14家院士专家工作站、21家孵化器网络、12个创客空间及正在释放的10万平方米孵化空间等资源，将创新创业者、零工、大咖、知识产权等创新创业的高端智力资源打造一个创新创业生态圈。

三、联系与区别

众创空间是零工社区的重要组成部分，都是为创新创业者提供线上线下服务，但在社区的营造、资源匹配方式、关注焦点等方面还有一定差异。

1. 社区的营造

目前，众创空间主要为创新创业者提供物理空间和部分专业性增值服务，通过开放共享办公空间和举办活动促进创新创业者间的沟通交流。随着知识经济来临，人力资本或社交资本将变得越来越重要，创新创业需求正由简单的物理空间和服务向社会关系进行转变，社区化将是未来发展趋势。零工社区是以社区营造为核心，通过构建开放线上线下交流协作平台，将不同专业领域或行业背景志同道合的创客、企业家、投资人等聚集到平台，相互之间分享知识、技能和经验，举办活动和开展项目合作，促进线上线下、内部外部间协作，提高创新创业成功率。

2. 资源匹配方式

众创空间资源匹配较为传统，将资源、名字、需求等信息放在线上平台，这种方式很难给创新创业者匹配相应的资源，提供高效的服务。零工社区通过互联网大数据技术解决与传统信息不匹配的痛点，给零工大咖、工程师等能够辅导创新创业的人的技能、专长等打上详细描述标签，向社会公众告知其擅长和解决问题方向；同时汇集创新创业需求，依托互联网大数据技术，通过优化算法，让计算机对资源进行数据匹配，让需求方和供给方进行精准对接。

3. 关注焦点

与大部分众创空间聚焦商业模式创新不同，零工社区注重以人为本，侧重"硬科技"，通过线上线下互联网平台，以集众智、汇众力、打造工匠精神为主旨，整合大咖、工程师、创新创业者、零工、创新创业相关组织、知识产权等资源要素，提供创新创业所需的服务，如大咖问诊、需求发布、政策咨询、专利萃取等，释放创新创业活力，提高成功率。

第十一章

零工＋：丰台科技园零工社区的实践

一、零工＋空间：竹海零工社区

北京竹海科技孵化器有限公司（以下简称"竹海科技"）是一家以提供科技创新服务、科技园区建设运营、产业投资基金管理为主营业务的国际化公司；以打造高品质创新创业服务体系为出发点，通过高端聚智、聚才、聚资、聚源、聚气，构建"现代社会的 4.0 版科技孵化器"，助力未来的企业家实现今天的创新创业"自由行"。

竹海科技率先建立了"办公社区＋网络社区""中国一线城市平台＋海外创新中心""科技＋商务＋投资"三位一体的科技企业孵化模式，以强大的科技支撑和投资力度引领创新园区的发展，致力于成为区域经济发展的创新引擎。截至目前，竹海科技建设并运营了北京石榴科技创新中心、北京 CDD 创意创新中心、上海长宁科技文化创新中心三个园区项目，合计建筑面积 55 万平方米，总资产达到 200 亿元。并积极向国际化进军，先后在硅谷、波士顿、达拉斯、慕尼黑、汉堡、特拉维夫、新加坡建立海外创新中心，实现国

际创新资源的互动与合作。竹海科技国内外布局的趋势为零工社区
的建设提供了足够的空间资源。

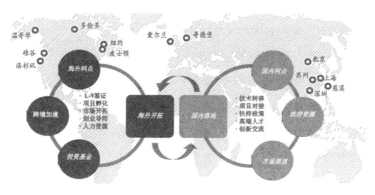

图 11 - 1　竹海科技的创新布局

同时，竹海科技出资成立了 50 亿元人民币的产业投资基金和 2
亿元人民币的天使投资基金，助力入孵企业和高成长企业的快速发
展；为入驻企业搭建协同创新平台、国际化专业人才企业归国落地
服务平台、产业专业投融资平台、专业公共技术服务平台、专业培
训交流平台五大加速服务平台。未来竹海科技将发挥国内外多点联
动的聚集效应，致力于建设成为国际化的创新高地、人才高地、资
本高地和经济产出高地。

专栏：竹海科技重点项目介绍

（1）石榴中心。石榴中心是竹海科技旗下最具代表性的高档科
技园区，北京城市核心区唯一国际化共享商务社区，在空间设计和
功能配套方面实现了突破性创新，融合了生活社区与科技园区两种
空间组织；总建筑面积 11.5 万平米，其中地上 7.2 万平米，地下
4.3 万平方米。

目前 foundry club 跨境加速器已经落地石榴中心，它是由竹海科

技下属斯坦福孵化器、美国达福创投和美国 foundryventure 公司合资建立的国际跨境孵化加速平台，旨在打造一个在空间设计上、功能服务配套上、创新资源共享上等创新创业生态环境全面对接硅谷的新型跨境创新创业生态园区。

foundry club 不仅出租办公场地、为创业公司提供办公家具及协同工作环境，而且提供各项衍生的福利性服务。作为平台催化剂，帮助创新创业者聚合各方面资源，如配套、供应商、技术支持、创业扶持、资金等相关支持，旨在帮助小微型企业降低运营成本，搭建创业平台，构建 foundry club 社区企业文化。从创业者真正的需求出发，foundry club 以定制的辅导、服务与风险投资相结合，为初创企业提供从资金到资源、咨询的全方位的专业成长服务。

（2）北京 CDD 创意创新中心。总投资额 26 亿元，由两栋企业级 5A 地标写字楼、6 栋创意创业家基地、1 个情境式街区商业组成；是政府授牌的中国（大兴）工业设计产业基地，因此有数十项国家政策，包括税收减免以及专项启动基金支持等。打造了总面积 963 平方米的创客空间，运营方向是依托宜家为智能家居孵化创业者提供办公场地、设备以及咨询意见和资金支持。

（3）中以跨境众创空间。首期孵化面积约 2000 平方米，其中公共洽谈室、会议室、路演功能厅、公共技术平台、展示厅总计 500 平方米，孵化器面积 300 平方米，加速器面积 1200 平方米，主要为智能技术、智能制造和智能医疗等高科技企业创新提供落地、孵化和加速服务，入孵企业不仅可以享受 imax 项目路演厅、硬件展示台、共享咖啡间等一流的办公环境，同时还可以通过创业培训和项目路演，足不出户便可以与各方资本进行多维度的交融与对接，进而实现企业的加速腾飞。

二、零工 + 路演：黑钻石零工社区

黑钻石文化传媒机构（以下简称"黑钻石"）创办于 2010 年，是一家以路演系统服务、文化创意产业、商业路演平台、创意股权投资、钻石导演商学院为主体的综合性文化传媒集团。从广州居民楼里一间 10 平方米的办公室破壳而出，到北京赛欧科技孵化中心筑巢，再到上海股权交易中心挂牌，这家成立六年的文创企业逐渐发展壮大。2016 年在丰台区文创企业黑钻石国际传媒举办的第 47 期路演兵法活动上，黑钻石被市科委授牌为"北京市众创空间"。

图 11 - 2 黑钻石文化传媒机构

黑钻石从初始经营单一的影视产品向搭建影视 + 路演孵化双平台转变，助力双创企业成长和宣传。在影视方面，黑钻石通过成立的导演商学院，汇集了包含国家级创业导师、政策评委导师、一线

知名商业导演、制片人、资深剪辑师、特效师、摄影师、商业项目高级管理人及诸多上市公司创始团队的豪华导师阵容，为致力于在影视、文化、路演等产业发展的人才以及企业企划人员、市场营销人员、城市宣传机构提供一个商业与艺术平衡学习、同修共进的钻石级殿堂。迄今为止，导演商学院已开办 20 余期，培养人才数百位，影响力范围涵盖全国乃至东南亚。

路演孵化平台则主要依托路演商学院以及线下众创空间提供服务，2014 年 8 月 23 日，借助路演商学院推出了高端课程之《路演兵法》，截止到目前，《路演兵法》已经成为巡回全国 52 期路演系列活动中的品牌活动，获益企业家已超 4000 位，相应书籍《路演兵法》《路演中国》已经出版。同时，黑钻石众创空间立足自身企业路演资源优势，注重各项资源的整合利用，已与京辰瑞达睿思众创空间建立创业路演技术服务合作，与北京 IBI 咖啡众创空间结成"创业路演战略合作伙伴"，致力于为入驻企业搭建创业创新孵化平台。截至 2015 年 3 月，黑钻石已经为百余家企业量身打造 700 多部宣传片和路演秀。

三、零工＋时尚：依文零工社区

依文集团创建于 1994 年，拥有 5 个高级男装品牌（依文男装、依文中国男装、诺丁山男装、凯文凯利男装、杰奎普瑞男装）及国际代理品牌，业务范围包括服装、服饰、职业装、礼品、国际品牌代理及文化创意等领域，目前全国已拥有 500 余家店面，集团年销售额达数十亿元。依文集团拥有强大的线上线下营销体系，通过独有"时尚管家"专属服务积累了超过 200 万高黏性客户，形成了精准的营销数据库。目前，依文正链接权威时尚机构和富有潜质的创业者，着力打造超越传统的时尚产业生态系统，搭建一个有无限创造力并快速发展的行业平台，实现从单一品牌到时尚生态系统，从创新型时尚企业到创业联合平台的蜕变。自 2013 年起，依文集团开始打造互联网+营销战略创业平台，成功对互联网时尚品牌 SOIREE 奢瑞"小黑裙"进行战略投资，之后成功推出了小"礼"服创业平台。小"礼"服创业平台是让消费者高度参与的互动平台，每一位消费者既是经营者，更是平台的主人。

图 11 - 3　依文集团

依文搭建的全球时尚创意平台已经具备零工社区雏形，在平台上可以链接最好的时尚大咖、最好的设计师品牌、手工艺者品牌以及最好的零工匠人。以服装设计师为例，一个全球非常有影响力的设计师，要将一个非常好的创意和时装设计稿变成产品，往往需要 3 个月的时间，要自己搜集全球最好、最匹配的原料，要去找工厂、找打板师，之后设计师还要做无数件样衣，开很多次发布会、订货会，用三四个月的时间才能够最终变成商品。而在依文全球时尚创意平台，只需一个多月的时间就可以把设计师的方案变成畅销品。这个平台一边链接着全球最优秀的1600多位时尚设计师，一边链接着300多家给全球奢侈品生产的、中国最有影响力的高品质制造业工厂，另一边还链接着几百个全球最优质的打板师，当每一个设计师把创意、图稿传过来的时候，平台会最快速地匹配给最适合的打板师和工厂，基本在2~3周就可以变成产品。同时，利用依文在全国的500多家店铺，以及线上的24000万粉丝，通过线上线下相结合的方式，让消费者用钞票对设计师的产品进行投票，线上预购用一周就可以检验出哪种产品最受消费者欢迎，线下500家商铺两周就会有相应的反馈。依文集团花了20多年创建了五个自主品牌，但建立全球时尚创意平台之后，3年时间链接了1600位兼职设计师做零工，他们每个人在巴黎、米兰、伦敦，就可以把创意跟平台一起变成产品再变成商品，如今在这个平台上已经孵化出了上百个创业者和上百个平台。

　　此外，依文集团积极搭建全球时尚创意平台的线下空间载体，即全球创客空间。此空间是依文集团依托园博园欧洲园建设的一个将旅游资源与会展服务紧密结合、高新科技与全球时尚相互融合的面向全球创客人才的创业创新平台，平台依托欧洲园将建设全球创客人才集聚中心、文化与科技融合发展研究中心、创意成果转化中心、全球时尚品牌发布中心和国际高端会展策划中心五大全球创客空间项目服务中心，此外还有公共创意体验空间和配套服务空间。全球创客空间作为全国首创的文化创意、科技创新、金融资本相结合的全球创客空间新模式，将覆盖创客的概念阶段、设计阶段、产品阶段，打造新型、绿色、高效、高端的产业生态圈。空间已经集聚了 10 余家创客团队，吸引了近百名创客人才，并获得空间给予的项目投资和金融支持，未来预计还将吸引 50 多家创客团队和创客。这些创客团队先后推出具有感知情绪功能的世界杯 T 恤、快递盒子等创意产品。依托创客空间，还成立了中国民间手工艺创意中心，为中国民间手工艺者提供创业平台的同时为全球设计师提供最源头的工艺资源。

四、零工 + 大数据：国信优易零工社区

国信优易数据有限公司（以下简称"国信优易"）是由国家信息中心发起的混合所有制公司。国家信息中心成立大数据管理应用中心数据运营部，打造企事业合作平台，国信优易为该平台实际运营方，运营大数据交易、大数据创新创业、大数据顶层设计。

21 世纪，全球进入知识产权时代，专利纠纷不断增多，面对海量的专利数据，如何了解专利技术现状，从专利库中获取有效的信息，帮助创新创业者避免侵权纠纷。为有效解决这一难题，国信优易依托数据资源和技术创新优势，成为"零工社区"线上平台方，为平台注入了大数据元素。目前，"零工社区"平台已正式上线，平台设有智囊社区、知识产权、公共服务等功能，通过大数据技术为专家做大数据全面画像，让需求发布方更深入、更直观地了解专家，实现智能精准匹配，辅助他们走向成功；通过大数据技术追踪和分析全球专利库数据，实时在线的提供全产业链专利指数，方便用户了解知识产权专利分布情况，有效降低创新创业风险。

其中中关村丰台园首创、国信优易研制的"零工社区"智力共享平台应运而生，通过大数据跨界知识产权，使平台上的资源得到

最优化的匹配，为创新创业提供了新的模式，其具有以下特点：

非结构化文本分析，专利数据自动匹配。国信优易零工社区为一个线上线下相结合的高端智力共享平台。平台已搭建并采集了百万级别的专利详情资源数据库，一期存储了总计1643234条专利数据，包含结构化的数据字段和非结构化的文本等信息，数据量大小约520GB。将知识产权以文本形式存在的数据通过API的接口调用，实现了可视化展示。将海量的结构化数据集中在一起，形成专利数据集，利用海量存储的专利数据、法律数据、新闻资料等相关的专利数据，基于优易数据研究院科学家团队设计并研发的专利价值评估模型，实现自动化的匹配。

专利价值深度挖掘，支持产业创新发展。国信优易零工社区知识产权平台不仅要整合所有与专利相关的互联网数据、政务数据、法律数据等各领域的数据信息，而且提供了对知识产权的信息检索、价值分析、产业链外联价值评估、专利产业化指数等服务。利用模型的计算与热点结合，自动完成专利价值的深度挖掘，生产专利自有的分析报告，便于用户多角度了解专利信息。

除了重点分析专利本身外，知识产权平台从产业链维度对专利进行分析介绍。依据产业链上下游关联程度及企业的位置环境等信息，将各专利合理地分配至产业链各环节中，用户可以更准确地了解专利在整个行业链条中的位置、与其他专利之间的关系。通过综合评估专利产业化价值分析，计算单个专利或一组专利的产业化指数，为创新创业者提供专利产业化参考指数，辅助专利权属人及企业实现专利的流通和产业化，为企业投资专利指明方向，降低企业的决策风险。

五、零工＋专利萃取：贝壳菁汇零工社区

贝壳菁汇创新生态圈位于中关村丰台园三期，盈坤世纪 C 座，共 12 层，建筑面积 1 万多平方米，紧邻南四环主干路和地铁九号线。2015 年，中关村丰台园零工社区的专利萃取平台正式落地贝壳菁汇创新生态圈。2015 年 11 月 4 日，注册零工社区（北京）创新科技有限公司，搭建团队开展工作。2016 年 1 月，走访中车二机厂、华电工程公司、中科院等科研院所、企事业单位，与数十位各行业领域专家、科研技术从业者进行座谈调研收集数据。2016 年 3 月，零工社区网站，移动端内部测试准备上线。2016 年 3 月启动线下空间选址洽谈。2016 年 4 月，线上平台投入使用。2016 年 6 月线下平台搭建完成。

"萃取"是化学实验的一种操作，能起到分离、提纯的作用。中关村丰台园的专利萃取众创平台是由贝壳菁汇创新生态圈联合中科智桥投资公司、北京安博达知识产权代理公司打造，是一个"互联网＋众创空间＋知识产权运营"创新模式平台。

贝壳菁汇零工社区线上链接主要以 APP 为主，构建方案定制、技术问诊、设备服务、技术教练等四大功能板块，打造人才共享、资源匹配、IP 成果转化三大核心业务。一是通过零工社区线上平台，汇聚行业精英，共享技术人才和专家智库，通过企业连接专家，技术教练经验分享等方式实现定期人才共享。二是匹配技术成果、实验设备、融资渠道、产业资源，按等级或时间收费。三是前期进行专利成果展示推广，后期实现成果转换和交易，实现 IP 成果转化。

其中 IP 成果转化即专利萃取平台下面有四个专业子平台："互

联网＋知识产权运营"基础平台、知识产权高端服务平台、知识产权金融平台、专利萃取创客中心。其中，基础平台具有找资金、找服务、找研发、找专利、找专家、设备六大功能。知识产权高端服务平台则是提供知识产权检索、战略研究分析、知识产权二次开发、知识产权预警、人才教育培训等知识产权高端服务。知识产权金融平台可以为有自主知识产权的企业提供"知识产权＋股权"质押融资服务，整合知识产权运营基金，推动知识产权质押、投贷联动等金融创新模式发展。专利萃取创客中心则会提供企业入驻、虚拟办公、培训辅导等创业服务。目前，丰台园正积极筹划与线下孵化器贝壳菁汇设立专门针对专利萃取的基金，以及推动国信优易与国家知识产权局的合作，通过大数据挖掘技术对国家知识产权局专利库中的相关专利进行萃取撮合等。

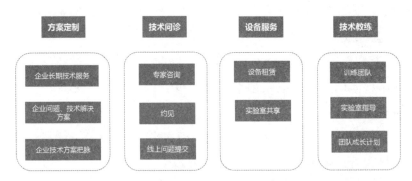

图 11 – 4 线上平台四大功能模块

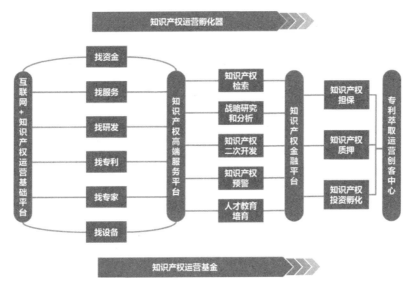

图 11 - 5 贝壳菁汇零工社区专利萃取平台

线下以人才服务中心为载体，将贝壳菁汇创新生态圈孵化功能作为驱动零工社区发展核心功能，通过产业孵化、智慧办公、公共服务三大功能模块融合，促进零工社区发展。一个集 IP 萃取中心、大咖诊室、文创工坊、头脑风暴室等于一体的一站式线下平台已经在贝壳菁汇搭建完成。

作为专利萃取众创平台和零工社区的典型代表，贝壳菁汇也积极响应国家京津冀协同发展战略布局和加强科技创新的号召，进行线下品牌输出和成果转化服务，目前已与河南安阳、河北涿州等签订战略合作协议，将零工社区、专利萃取众创平台等落户，实现丰台园、河南安阳、河北涿州三地产业资源对接。

六、零工＋匠人精神：北京 IBI

中关村科技园区丰台园科技创业服务中心（北京国际企业孵化中心，简称"北京 IBI"）成立于 1994 年，是经联合国开发计划署考察，原国家科委批准的全国首批 3 家"国际企业孵化器（IBI）"之一，是提升企业自主创新能力、促进高新技术成果转化和科技企业发展的重要载体。20 多年来，北京 IBI 先后被认定为"丰台园博士后科研工作站"和"北京市博士后（青年英才）创新实践基地"、北京市战略性新兴产业孵育基地以及国家中小企业公共服务示范平台等荣誉称号，社会影响力因而不断扩大。2015 年被中关村授牌北京市丰台区第一家"创新型孵化器"，2016 年被科技部评为北京市丰台区第一家国家级"众创空间"。

图 11 - 6   中关村科技园区丰台园科技创业服务中心

从 2000 年开始，北京 IBI 尝试"盘活闲置资源，输出品牌管理"的发展模式，借助品牌的辐射力和园区的政策环境，不断整合空间资源、集成优势资源，构建创新网络。到目前为止，北京 IBI 通过与园区内国企、商企、乡政府、民营企业的楼宇合作，建立了由 16 个孵化器成员单位、23 栋孵化器楼宇、30 万平方米组成的一个投资主体多元化、合作形式多样化、管理服务专业化的丰台园孵化器网络，形成了以信息技术、生物医药、新材料、新能源为主导的产业，特色鲜明的孵化器集群和科技中小企业创新集群。截至 2014 年底，丰台园孵化器网络已有国家级孵化基地 3 家、市级孵化基地 4 家、区级孵化基地 11 家，承载了园区 1900 家中小型科技企业，吸纳就业人员 5 万余名，贡献了丰台园 1/4 的税收，创造了全国孵化器领域内独有的"丰台模式"；从孵化器网络毕业的 500 家企业中，上市企业 19 家，其中进入"新三板"挂牌企业 10 家，入选中关村"瞪羚企业"36 家，入选中关村"金种子企业"9 家。

在经历了空间资源的整合之后，北京 IBI 开始瞄准技术服务资源的整合。2000 年，北京 IBI 打造以孵化器为载体、分工精密细化的公共服务平台，创建了由实验室共享、创业培训、投融资、中介服务、信息网络五大创新服务体系为基础的"5＋2"孵化培育模式，经过 10 多年发展，逐步形成了涵盖创业辅导、人才服务、专项服务、融资服务、成果转化、加速成长以及创业教育、天使投资等各种个性化服务的"6＋N"服务平台，为科技企业提供全方位的高品质孵化服务。

表 11 –1　"6 + N" 服务平台具体介绍

平台	服务内容
创业辅导平台	早期项目孵化中心、创业培训、创业导师、自主创业学院
人才服务平台	大学生见习基地、大学生创业园、留学人员创业园、博士后青年英才工作站
专项服务平台	共享实验室、中介机构、知识产权、孵化云
融资服务平台	银企对接、项目申报、孵化基金、融资租赁
成果转化平台	种子企业培养计划、技术合同认定登记、国际科技合作基地

　　近年来，顺应"双创"发展大潮，北京 IBI 构建了早期项目孵化中心、"IBI 咖啡"众创空间、创业学院等新型服务平台，通过"智汇星期五""创业课堂"等活动，汇聚创业资本、营造创业氛围，服务于区域创新创业和经济发展。其中 IBI 咖啡众创空间通过共享空间、整合资源、政策扶持、导师辅导等全方位服务，打造以信息技术、节能环保领域为主导的众创空间；自 2015 年 2 月成立以来，已促成了软银中国、基石基金等 10 余家知名投资机构与鑫丰南格、芯片鱼等 10 余个项目的有效对接。北京 IBI 推出的公益性社会实践活动——创业课堂已培训近百位学员，促成简繁服饰等 10 余个项目落地，为早期项目孵化中心培育了一批种子企业。

　　作为我国最早的一批"国际企业孵化中心"试点单位，北京 IBI 一直是国际化的先行者。多年来，北京 IBI 以孵化器网络为载体，搭建国际化专业服务平台；承办国际研讨班，促进项目国际交流与合作；参与两岸三地共同孵化网络和火炬国际化战略联盟工作。截至目前为止，北京 IBI 共举办 18 期国际研讨班，培训了来自欧、美、亚、非等地区 50 多个国家的 357 名学员，达成国际科技合作 280 余项，与 30 余个国家的科技园区及孵化器组织建立了长久而紧密的合作关系。

七、零工 + 创新：海尔企业孵化器

海尔企业孵化器是海尔 U + 智慧生活平台与北京倪邦尔科技孵化器有限公司共同组建的海尔 U + 创新创业示范基地，是专注于智能家居与消费电子组成的智慧生活领域的众创空间；拥有高新产品体验馆、高新技术实验室、项目路演厅、基金投资"直通车"、入孵企业"一站式"服务中心等，旨在为用户提供完善的创业生态系统；依托海尔集团的创意构想、产品设计、研发、制造、销售、售后整个闭环的一站式服务，致力于打造一个垂直闭环的孵化器。

海尔企业孵化器为优秀创业者提供创意构想、产品设计、供应链、市场推广等方面的关键扶持，并与创客共同"攻克"创意、创新、创作、创业过程中的各种难题，为优秀创客项目提供从创新、孵化到商业成果展示等环节的整体解决方案，帮助企业、创客和第三方开发者在与用户不断的交互迭代中，更好更快地找到适合自己发展的机会和路径。

海尔 U + 智慧生活平台已接入包括海尔自有品牌产品和第三方智能家电、智能硬件多达百余种产品品类和资源，丰富的智能家居产业链资源优势和高质量的用户群成为海尔 U + 展开创客孵化战略的基石；通过"开放平台 + 优家 APP + 智慧生活大脑"模式，海尔 U + 创新实现了一站式的智能家居 O2O 服务。自 2015 年起，海尔 U + 就着手建设线上、线下虚实结合的创客孵化平台，在实现自身造血

能力同时，也带动了行业与利益相关方的多边合作，协力推动创客的"创新、创造、创业"。例如为发现和扶持优秀的创客项目，成功举办了"2015 海尔 U+创客大赛"，足迹走过深圳、北京、武汉、杭州、西安、上海、广州 7 个城市，前后吸引了 10232 名创客注册报名，收获 210 个项目入围，其中鹏博士智能·鹏生活环境套件、看家智慧眼、Whome 智能球泡音箱三个项目位列三甲，并出现在了2016 年美国 CES 大展的舞台之上，成就了一段创客蝶变的佳话。

图 11 - 7　海尔企业孵化器

八、零工 + 咖啡：富丰雅图

北京富丰雅图科技文化有限公司，是中关村丰台园下属的国有文创公司，专注于广告创意设计、品牌营销推广及新媒体运营。

经中关村丰台园管委会授权，富丰雅图打造了零工社区的线下双创社群共享平台——聚匠咖啡，主要为创业者提供创业咖啡、双创服务、品牌设计推广、行业沙龙等服务，同时为每一个寻求问题、分享智慧的大咖及小咖提供舒适放松的空间。2016 年，成

功举办了 2017 年研发费加计扣除政策申报专题会、融资技巧与政策解读专题会等专题会，大大提高了聚匠咖啡的知名度。

第十二章

零工社区发展愿景

中关村丰台科技园从"总部经济"到"零工社区",从孵化器到众创空间再到"零工社区",凝聚着丰台园对于创新创业发展趋势的思考以及丰台园创新转型的决心和信心。"零工社区"是一个线上线下相结合的高端智力共享平台。线上通过互联网大数据技术高效整合,快速有效地聚集创新创业的高端智力资源,并为从事和参与创新创业的组织和个人提供高效率的公共服务。通过零工社区的建设完善,可以搭建知识产权萃取平台,实现创新成果的整合创新与高效转化,成为技术创新的策源地,可以搭建技能传承与成长平台,传承大国工匠精神,继承百年技艺,利用现代技术创新技艺,培养更多的大国工匠,成为"大师"的摇篮,可以搭建高端智力共享平台,发挥碎片化时间的最大创新效能,运用大数据等进行算法匹配需求,将有想法的人和有办法的人结合在一起,提高创业创新成功率。

一、打造产业升级的技术策源地

当前,在知识经济、共享经济、互联网经济等新经济业态兴起的背景下，新科技革命正在推动全球产业变革，新技术突破加速带动产业更迭，对世界经济结构和竞争格局产生了重大影响。世界主要国家纷纷加快新技术的研发与新兴产业战略布局，一批新技术、新业态、新商业模式正在加速涌现，产业结构调整升级的力度前所未有，步伐明显加快。2013年，麦肯锡提出了移动互联网、人工智能、物联网、云计算、先进机器人、下一代基因组技术、自动化交通工具、能源存储技术、3D打印、先进材料、非常规油气勘探开采、可再生能源12项改变世界的颠覆性技术。兰德公司在《2020年的全球技术革命》中提出了包括低成本太阳能电池、无线通信技术、转基因植物等16个未来应用最广泛的科技领域，新技术的多点突破和融合互动必然会推动新兴产业的兴起，给产业转型升级带来新的重大机遇。正是看到了这一点，世界主要国家纷纷加快发展新兴产业，推进"工业4.0"和"再工业化"，力图抢占未来科技和产业发展制高点。我国提出实施创新驱动发展战略，加速发展具有比较优势的技术和产业，谋求实现跨越发展。

硅谷、慕尼黑科学园、中关村示范区等国际国内知名科技园区正在或者已经成为引领全球的技术策源地，成为新一轮技术井喷式涌现的集中区域和各国争夺产业发展主动权的重要载体。例如美国硅谷一直是全球不断孕育、产生新兴产业的策源地。20世纪60年代的集成电路产业、70年代的生物制药产业、80年代的个人电脑产业、90年代的互联网产业都产生于硅谷，而进入21世纪之后，清洁技术新能源产业又开始在硅谷聚集。可以说，几乎每隔10年，硅谷都有一个全新的产业出现，引领并改变着世界产业发展格局。中关村示范区以互联网等信息产业为代表，正在技术创新、商业模式创新等方面加快追赶硅谷等世界一流的技术策源地。

近年来，我国加快创新型国家建设，在以技术创新促进结构调整与产业转型升级等方面取得了许多成就，如水力发电、超临界发电等一批能源技术达到世界先进水平，高铁总体技术走在世界前列并向印尼等国家实现输出，基因测序水平处于世界领先地位等。但总体而言，我国产业发展的许多核心技术仍掌握在发达国家企业手中，小到圆珠笔芯，大到精密机床，都严重依赖国外进口，号称工业"心脏"的芯片，自主设计能力差，距离国外先进水平差两代以上，每年进口全球芯片产量的一半以上，已经超过石油和大宗商品，成为第一大进口商品。大多数企业的创新仍以模仿跟随性创新为主，原创性、颠覆性创新极少，成果转化水平也严重低于国际平均水平。

丰台科技园建设零工社区，就是期望通过搭建创新共享服务平台，把科技与人民群众的创造力在更大范围、更深程度、更高层次上融合起来，激发各类人才的创新活力和潜力，促进具有创新精神的高素质人才争当创新的推动者和实践者，促进以人才为中心的创新要素的科学配置与合理流动，形成技术创新合力，营造鼓励创新、宽容失败的氛围，促进更多的创新成果涌现，形成一批领先的、具有颠覆性的创新成果，实现技术人才创新致富梦想，进而形成带动产业升级的新技术、新模式，不断为创新企业注入新生力量和活力，汇聚形成经济发展的新动力，打造成为全国乃至全球技术创新的策源地。

二、传承"工匠精神"

近年来，"工匠精神"屡屡被提及，成为全社会讨论的热门话题，而且2016年国家政府工作报告首次提到"工匠精神"，提出"要鼓励企业开展个性化定制、柔性化生产，培育精益求精的工匠精神"。从古到今，"工匠精神"一直改变着世界，热衷于技术与创造的"工匠精神"，成为人类社会进步与发展的动力源泉。现今，提到"工匠精神"，人们首先想到的是日本匠人的坚持专注、瑞士匠人的精益求精和德国匠人的一丝不苟。"精品与废品的距离只有0.01毫米"，正是凭着凝神专一的工匠精神，才使得瑞士手表、日本军刀、德国机械等产品畅销世界，产业优势得以延续。例如日本产业发展相对连续，产业间建立了专业化分工和协作关系，促进了技术的传承和发展。日本大企业与中小企业建立了长期稳定的合作关系，专业化分工为中小企业做专、做精创造了条件。小企业不会为了市场与大企业竞争，大企业也不必做全，因此诞生了大批"隐形冠军"。据统计，全球寿命超过200年的企业，日本有3146家，占了近60%。

如今，"工匠精神"写入《政府工作报告》，是在经济新常态下为实业的创新发展指明方向。"互联网+"时代的"工匠精神"仍是宝贵精神，是实现"中国制造2025"的宏伟目标的坚实基础。"工匠精神"并不是舶来品，如历史上的"庖丁解牛"故事，四大发明的发明者，如今的同仁堂、王麻子剪刀，都是"工匠精神"的传承与体现。新时期以来，我国许多企业努力自主创新，逐渐在海外树立起"中国品牌"，这与企业的"工匠精神"是分不开的。例如华为"企业家精神""创新精神""敬业精神"和"团结合作精神"是企业文化的精髓，"敬业报国、追求卓越"是海尔始终追求的企业精神，归根结底，都源自于敬业、创新、追求卓越的"工匠精神"。要在全球产业变革中屹立不倒，我国企业必须抛弃"短平快"的发展理念，以"工匠精神"为灵魂，埋头苦干、踏实工作，推动"中国制造"走向"高精尖"。

"工匠精神"并不仅仅是各行各业的模范精神，每个在工作中勤奋刻苦、一丝不苟、创造价值的普通从业者都可以成为"工匠精神"的实践者。法家大师管子曾言"夫欲得天下者，必先得人"，被奉为管理学至理名言，从另一个层面说明企业在发展过程中，人的主观能动性能够发挥巨大的作用。新中国成立以来，我国涌现出钱学森、王进喜等一大批大国工匠的代表人物，用自身行动践行着甘于奉献、精益求精、吃苦耐劳的"工匠精神"，新时代这种精神被传承发展，很多人在自己从事的行业中默默地扮演着建设者的角色，他们看似渺小，但所做的每一步以及他们身上具有的"工匠精神"都成为企业乃至社会发展的推动力量。如 30 年来始终保持着成品率 100% 的纪录的周东红、创造了打磨过的零件 100% 合格惊人纪录的胡双钱、百万次的精雕细琢雕刻出令人叹为观止的"丝巾"的孟剑锋等，正是这种尽职尽责、精益求精的"工匠精神"，缔造了一个又一个"中国制造"的神话。新时期国家在全国范围内提倡"工匠精神"，既体现了对劳动者、对普通匠人的尊重和价值认同，同时也为"中国制造"注入了一股新鲜活力。

但是整体而言，我国仍有许多企业注重"短平快"的发展，而忽视产品质量的提高，导致产品的竞争力不强，也难以满足民众日益多样化的消费需求。作为制造业大国，近些年竟然出现了国人蜂拥赴海外购买马桶盖、电饭煲、吹风机等热点新闻。放着庞大繁杂的国内商品而去舍近求远，购买价格高昂的海外产品，并不能归结于国人的"崇洋媚外"，与其说他们是对那些产品的认可，不如说是对产品背后的技术、质量，更深层次地说是对一个国家和地区"工匠精神"的认可。因此，用"工匠精神"培养一批优秀的大国工匠，呼唤和弘扬"工匠精神"，对我国产业转型发展而言正当其时、刻不容缓。

丰台科技园零工社区的建设，就是顺应我国从制造大国向制造强国转变的时代要求，秉承"工匠精神"，打造诚信空间，营造"我具匠心"的文化氛围，形成尊师、尊重技术带头人的匠人文化，帮助创新创业者树立对工作执着、对产品精益求精、精雕细琢的精神，培养一批专业、专心、专注的专家和技术人员，留住手艺、传承技艺、创新工艺，在技术、工艺等方面不断取得突破，让人享受产品在手里升华的过程，努力把实业做实、把产品做专、把质量做精、把品牌做强，在传承中提高创造力。

三、用人不养人，上班不坐班

"用人不养人，上班不坐班"这句话可以分为两个层次来理解，"用人不养人"是针对企业来讲的，就是通过企业 HR 以及薪酬机制等的设计，实现人才的柔性流动；"上班不坐班"是针对工作的人来讲的，并非鼓励人旷工，而是可以按照人的喜好和习惯来工作，激发人的工作热情，提高人的工作效率。而这都是基于互联网时代背景下提出和倡导的。工业经济时代，人们就是生产线上的工人或是城市办公室里的上班族，就像一台机器中的齿轮不停地运转。而如今，互联网时代的来临，共享经济正在通过万物互联的网络不断强化，企业的生产方式和人的工作方式都在随之发生着变化。

从企业的角度来看，在企业的全生命周期中，人力成本一直是企业最为关注的成本支出，尤其是在初创阶段和成熟阶段，人力成本的影响更为重要。处于初创期的企业，人力是企业成长的基石，人力成本支出占初创期企业的大部分支出，而成熟期的企业，由于人力成本的前期累积与不断攀升，控制人力成本成为企业能否持续发展的重要环节。随着互联网时代的来临以及居家办公等新型办公形式的兴起，企业可以通过创新工作方式以降低办公成本、提高工作效率。例如美国思科通过鼓励居家办公，降低办公室等开支，每年将成本削减了13亿元以上。在我国，随着人口红利消失、老龄化严重、劳动力成本升高，企业的人工成本高涨态势明显，人力负担越来越重。可用人力数量有限，企业越来越迫切需要改变传统的雇佣方式，使之变得更加弹性。鼓励企业进行低成本的人才开发，通过人才的柔性流动来降低企业成本是重要途径。

从人的角度来讲，互联网思维下的人们正在进入自由职业时代。在美国，不在特定场所工作的人已经占到了整个美国工作人口的1/3，并且每年以10%的速度增长着，而美国约有90%的企业招收非正式员工。尼克·哈诺尔（Nick Hanauer）和戴维·罗尔夫（David Rolf）在《民主期刊》中写道，"终身制职业的时代一去不复返，更不用说其附带的'铁饭碗'以及经济保障了，取而代之的是一个决心要将全职员工转换为承包人、供应商及临时工的新型经济"，揭示了共享经济和零工经济时代人的工作方式的转型。在我国，自由职业者作为一种新兴就业方式也在各处兴起，尤其是随着创业热潮席卷，越来越多的大企业高管、BAT专业人才加入其中，成为职业自由化趋势的最佳催化剂。2015年，我国最具幸福感职业排行前十名中，自由职业居首位，自由职业、多重职业正在成为我国未来工作的主要形式。

丰台科技园零工社区的建设，就是在人口红利逐渐消失、劳动力成本不断攀升、劳动形式更加多样化和个性化等背景下，以实现人才的柔性流动为目的，通过"长租短借"、兼职、交换、租赁等灵活方式共享人才，解决人才结构性短缺矛盾，帮助企业降低高端人才引进成本，减少人才流失风险，提高人才使用效率，以最大限度地利用人才价值，实现"智力流动"，共享高端智力资源，从而实现中小企业及初创型企业创新能力与创新效率的整体提升。

四、想法和办法的精准撮合

在现实生活中，"这个问题，我早就想到了，但又有什么办法呢？"是一句非常普遍的口头禅。事实上，这也说明，许多有想法的人往往缺少办法，使得很多"好点子"难以得到执行。从哲学层面来讲，就是理论与实践缺少联系渠道，造成脱节，而放到"大众创业、万众创新"的时代背景下，"有想法的人"往往由于缺少资金、技术等支持而致使想法只是"空想"，而"有办法的人"往往拥有资本、市场渠道等优质资源，但因缺乏想法而难以变现。比如现在很多大学生创业的时候，有两件很难做的事情，一件就是他们有好的想法，不知道该如何去实现，很难有更多资源去帮他们把想法变成产品；另一件是，有很多工程师，有很好的技术手段，也有很好的技术平台，非常容易就把产品做成，却很难在市场上推广。由此可见，社会上还有巨量智力资源缺乏参与创新创业的渠道，有大量的专业人才的智慧资源被忽视，还有更大量的创新需求没有被满足。

从科技创新层面来看，想法和办法的脱节可以衍生为科技创新成果的产生与转化的脱节。近年来，我国大力推进创新型国家建设，自主创新能力大幅提高，科技整体水平从量的增长向质的提升加速转变，已步入以跟踪为主向跟踪和并跑、领跑并存的新阶段，取得大量世界先进水平的重大创新成果，涌现一批具有国际影响力的创新人才，全社会大众创业、万众创新蓬勃兴起，创新成果更多惠及全体人民。但也应看到，我国科技成果转化率很低，专利数量、论文数量大幅跃升的同时，创新力和竞争力并未同步提高。最典型的就是，高校或科研院所的研发成果过于前沿，企业在当下用不上；而国内企业在生产过程中遇到的很多技术难题，高校和科研院所又不愿意去做，这也折射出了当前我国科技成果与市场需求脱节、经济科技"两张皮"的现象。有关数据显示，我国科技成果转化率不足30%，而先进国家这一指标为60%~70%。

中关村示范区是我国最富有创新精神的区域。经过2015年大量创业孵化器从涌现到整合，以及伴随着的创业投资的风起云涌到更为理性的创业投资等洗礼之后，中关村创新成果与市场的对接更趋精准化，涌现出了"三剑客"，即极具想象力和创造力的"创客"、极具洞察力和执行力的"痛客"、极具毅力和技术颠覆力的"极客"。其中，痛客以解决企业痛点为己任，通过创客开出科技"药方"，从而解决问题。创客和痛客的结合其实就是有想法的人和有办法的人的精准结合，而这种结合需要平台来支撑，实现信息的对接与交流。例如贵阳提出"痛客计划"，通过中国痛客大赛筛选出有效的重要痛点，入库痛客"思维仓库"，再通过数据平台集聚创客民智，集中重点智力、行政和商业资源，解决重点问题。2016年3月举办的首届中国痛客大赛，共吸引了来自全国各地的22185名痛客参加，收集到涉及社会各领域的2700个痛点，成为创业潮中的新亮点。

丰台科技园打造的零工社区将是一个集众智的平台，将有经验、有想法的各方面专业人才聚集在一起，将大家的智慧集中在一起，以加速科技成果转化与产业化为目的，打造"创新者—共享平台—知识产权萃取转化—产业化—消费者"的服务新模式，打通创新链条。一方面利用大数据将资源进行高效整合和精准匹配，使分享经济向平台化、规模化发展，通过大数据，获取全网专利价格信息，获悉专利分析报告，形成专利产业化指数，并形成智能比较，协助创新创业者了解其拥有的专利价值；另一方面本着"让资本为智力打工"的理念，通过引入 PE、VC 等社会风险投资机构，架起智力与资本互动的桥梁，为不同发展阶段的企业提供差异化的融资服务，积极对接 P2P 网络借贷平台、大数据金融、众筹、信息化金融机构等互联网金融业态，为中小微企业创新创业提供多元化的微金融服务方式解决产业资本与技术创新的"最后一公里"，努力将科技成果转化为现实生产力。

五、提升双创成功率

大众创业、万众创新是促进社会经济发展的良好催化剂，关乎着创新成果转化、产业化等方方面面。但创业总是伴随着风险，如何提高双创成功率成为双创战略实施的重中之重。从全球创业来看，有人专门做过一个调查，若以创业难度排名，美国是最容易创业成功的国家，韩国则是美国的 1.5 倍，日本是 2 倍，中国则达到 5 倍。例如在大学生创业方面，美国青少年的创业从初中甚至小学就开始了，或者是参加社会实践，为自己赚学费或者零花钱，大学一般为学生提供就业咨询服务，其中包括创业咨询服务，这些创业咨询服务会系统性地帮助学生把自己的点子用在创业上，包括提供创业指导，举办创业讲座，甚至提供合适的人脉。在条件成熟的情况下，还会帮助学生联系有经验的创业者、法律、会计、投资者、各方面的专家，帮助学生把自己的 idea 走向市场。苹果等公司刚创业时需要外部投资，只有很少的公司能只从朋友和家人那里就获得充足的资金，而更多的是来源于风险资本、种子基金等私营机构创设的营利性创业辅导机构。美国无论从教育理念还是创业环境都打造了良好的创业氛围。在这种良好的创业氛围下，不仅可以激发大学生创业的积极性，而且能够促进创业型企业的生存与发展。

近年来，在互联网蓬勃发展的大环境下，通过互联网创业的创业者不断出现，我国催生了无数的互联网创业者和希望向互联网行业转型的传统企业。随着互联网时代的来临，创业成本越来越低，创新创业成了许多年轻人的口号，尤其是互联网＋行动计划的提出，更是刺激了一大批想创业的团队，而创业的方向也需要依托互联网这一趋势，只有这样的创业才是符合时代需求和满足社会发展的。但也应看到，我国虽拥有居世界第一的互联网用户，电子商务公司在零售市场上所占份额的增长速度也快于美国同行，大学生的创业成功率却只有美国的1/5，因此需要搭建平台，帮助没有互联网创业经验的互联网创业企业，为互联网创业加上一个"保险"，以服务商的视角去为每一个互联网创业者做最合适的服务。

丰台科技园打造的零工社区将顺应"大众创业、万众创新"国家战略要求，打造将创业者、专家、大咖、创新机构等多种资源集于一体的、对创业者开放的高端智力平台，帮助创业者对知识产权进行萃取，能够让创业者选取到有用的知识产权，更能帮助他们规避在创新创业过程中的风险，从而提升整个社会的创业成功率，减少社会资源的浪费。同时打造一批创新创业孵化器、加速器，构建"天使投资＋合伙人制＋股权众筹""孵化器＋创业导师/伙伴＋创投（基金）"等服务体系，打造专业化、集成化、网络化的众创空间，为创业者提供全要素的资源供给和全流程的孵化加速，帮助创业者实现梦想。

第四篇 **04**

创新生态体系：构建有利于
零工社区发展的服务环境

第十三章

基础：创造友好空间

一、创新供给——复合功能与创新空间多元化

进入 21 世纪，全球范围内科技变革和产业革新不断加速，新一代的科技园区在产业培育与空间功能布局上呈现出功能复合化、创新空间多元化的发展趋势。在这样的背景下，传统的孵化器逐渐向众创空间、创新型孵化器转型。创新空间呈现出产品多样化、定位特色化、功能复合化、资源差异化、投资多元化等发展特征。

零工社区结合不同企业和创业团队对空间的需求，发挥北京国际企业孵化中心等国家级孵化基地的引领和辐射作用，总结新型孵化模式，创新空间供给。积极引导社会资本参与各类孵化器的投资建设，未来将推动联合办公型、创客空间、全产业链孵化型、专业化投资型、大企业平台型等各类创新空间错位发展，形成多元化的空间产品组合。

创客空间或联合办公型主要针对创业初期团队或大学生创业，通过举办创业大赛、创业大咖面对面、大学生创业政策支持等方式，支持小微创业企业健康发展。如纳什空间（nashwork），结合 80、90

后新生代创业者发展需求，打造3C服务产品，即在北京多个商圈和商务区提供移动工作站（station）、独立工作室（studio）、联合办公区（space）三款空间产品；突出三省服务理念，即省成本、省精力、省时间；通过打造小企业互助互利平台构建产业发展生态。

全产业链孵化型通过提供专业技术服务、开源硬件、产业投资等服务，形成高质量、产业链全流程的孵化服务。如中科创星，通过构建创业投资体系和空间孵化体系，打造硬科技成果产业化的"接力棒"产业生态，其中投资服务体系针对企业不同阶段的资金需求，提供种子基金、天使基金、PE\VC多轮融资方案；空间孵化体系结合不同规模企业空间发展需求提供创业苗圃、高端光电孵化器、加速器产业基地。

大企业平台型依托自身行业资源为创业者提供资源对接、渠道搭建、营销平台等专业资源。如海航集团的创新孵化器，为推进创新业务，海航集团在总部设立创新发展专项工作组，在产业集团层级要求推行首席创新官管理，在成员公司层级实施创新企业认证。同时全面整合海航集团已有的互联网企业，将海航云科技打造成为海航集团的互联网创新科技平台；另外，成立海创投资和海创孵化器，作为海航集团创业创投的平台，已经在北京、海南及杭州设立了三地孵化器，海创投资目前管理一支8000万元规模的天使投资基金。2016年管理规模预计在15亿左右。

图13-1　海航创业投资平台组织架构

二、存量再生——具有历史积淀的工业厂房再利用

2012 年，中关村科技园区扩区后，首钢动漫城、二七车辆厂、二七机车厂等工业基地也纳入中关村丰台园范围。同时，丰台区近年来积极推动工业企业传统制造环节外迁，这些工业企业也在积极寻找转型发展和资产盘活的机会。丰台区"十三五"规划提出，鼓励具有历史积淀的工业厂房进行再利用，支持其转型为创意产业园区、艺术展示博物馆、工业遗址公园等空间载体，探索具有一定产业功能，并与城市功能、生态环境相适应的保护和利用模式。

旧工业厂房改造和再利用的核心是重新赋予原项目新的功能和内涵，如文化、商业、生态、居住等功能，同时要注重原有建筑的保护性利用。从国内外工业厂房改造的经验来看，改造较为成功的几种用途包括餐饮酒店、文化旅游和娱乐载体、文化创意园区、创意办公区、会议展示空间，等等，项目改造的方向受到项目区位、区域产业导向、产权方资源、项目可利用的设施特征、文化创意灵感等多方面因素的影响。如旧金山吉拉德里广场由 19 世纪巧克力工厂改造成为集合商业、文化、旅游等功能的购物中心，再如在国家大力推动"大众创业、万众创新"背景下，望京氪空间将闲置的厂房改造并进行再设计，形成包含办公、孵化、展示、交流等功能的众创空间，实现了物业的盘活和升值。

专栏：旧工业厂房再利用案例

1. 旧工业厂房改造为众创空间——北京望京氪空间

2016 年 2 月，李克强主持召开国务院常务会议，部署建设双创基地发展众创空间，并提出加大政策扶持鼓励将闲置厂房、仓库等

改造为双创基地和众创空间，对办公用房、水电、网络等设施给予补助。在双创政策支持下，36氪将2016年核心业务定位为闲置厂房、仓库等载体改造成为众创空间，盘活存量空间，利用好现有设施，为创业者提供低成本、便利化、全要素、开放式的创业服务空间。以望京氪空间为例，即东方科技园社区，占地面积7000平方米，通过与工业厂房权属单位合作，将闲置厂房按照氪空间标准进行二次设计，提供工位954个，并根据创业者实际需求配套健身房、咖啡区、萌宠室等功能空间。2016年2月，氪空间以实现100%入驻率，单位租金较周边地区提升40%以上。

2. 旧工业厂房改造为创意园区——上海同乐坊

同乐坊地块占地面积1万平方米，建筑面积1.9万平方米，靠近上海南京西路商圈、距离静安寺5分钟车程。项目定位为具有国际性、文化性、互动性特征的艺术创意和时尚休闲空间。周边静安晶华苑等多个高档住宅区，消费潜力巨大。项目将闲置厂房改造办公场地，引入《第一财经》《理财一周》《东方之星》等多家媒体企业入驻，并利用户外活动场地经常举办各类时尚发布、访谈等活动。休闲商业以"酒吧＋俱乐部"为特色，目标客户群一般为时尚的白领中产阶层（24～45岁）。

时尚餐饮 (30%)	俱乐部 (50%)	零售概念店 (20%)	其他
香啡缤 好友咖啡 老灶店 你好，维也纳 (奥地利餐厅)	Sky Club Muse Club J'S Club Kento's Live House 宝马会	阆风艺术画廊 杰奎琳画廊 张钢宁钢琴坊	芷江梦工厂 (剧场)
单个面积约几百平方米不等	单个面积在1000~2000平方米		1000~2000平方米左右

同乐坊业态与空间配比

同乐坊实景

3. 改为商业街区——旧金山吉拉德里广场

旧金山吉拉德里广场位于美国加州旧金山渔人码头，1893年，意大利移民吉拉德里在这里制作和经营巧克力，由于其细火慢熬的工艺，生产出的巧克力大受市场欢迎，吉拉德里便买下大楼作为生产巧克力的工厂。到18世纪60年代，该地区的巧克力厂、毛纺厂等厂房已经停产，这些旧建产房改建为商店、餐饮等设施，成为全美首个工厂转型的露天购物中心。目前，吉拉德里广场集商业、文化、旅游等功能于一体，集聚了GHIRARDELL巧克力专卖店、玻璃手工艺品店、礼品店、精品商品店等业态，商家还通过举办的美国第11届年度拔开瓶塞葡萄酒节来吸引消费者和游客。

三、面向未来——打造智慧社区

近年来，国内外科技园区的基础设施建设水平和承载力不断提升，加之移动互联网、物联网、智慧能源等新一代信息、环保技术在园区建设中的广泛应用，目前创新空间的硬件建设不断呈现智能化、绿色化、科技化发展趋势。2015年，丰台区出台了《智慧丰台顶层设计实施方案》等政策和实施计划，明确提出丰台科技园作为实施"智慧丰台"建设的重点功能区之一，要建设成为一流的智慧高地。目前丰台科技园正在积极推动智慧园区总体架构建设。

立足丰台科技园智慧园区建设的总体架构，零工社区在硬件设施建设层面，将积极推动智能商务楼宇试点建设，鼓励产权单位架构智能楼宇综合信息管理系统（MAS），利用物联网、移动互联网等先进技术实现楼宇综合管控，形成通信设施自动化、办公服务自动化、安全设施自动化系统和绿色、节能的智慧能源系统，推动智能化的交通信息管理平台建设，同时完善社区级公交出行引导信息服务，建设写字楼和社区停车诱导体系。

专栏：中关村丰台科技园智慧园区总体架构

中关村丰台科技园的智慧园区建设的总体架构要立足园区信息化为基础，以信息化、智能化推动园区产城融合发展，构建自上而下、全面覆盖的智慧园区系统架构，包括四大系统，即智慧感知系统、智慧通信系统、智慧处理系统和智慧应用系统。

智慧感知系统。智慧感知系统是丰台科技园智慧园区建设的"神经末梢"，推动丰台科技园"三网融合"，加快形成高带宽、全覆盖的无线 Wi‑Fi 基础网络，通过视频、移动终端、射频技术、传感器、手机等感知手段和终端，对园区市政基础设施、交通、水务、环保、教育、文化、医疗卫生、物流、公共安全等感知范围进行智能、全面、深度的感知，采集丰台科技园各类基础信息，形成多类感知的物联网。

智慧通信系统。智慧通信系统是丰台科技园智慧园区建设的"神经网络"，通过光纤通信网络、4G 移动通信网络、WLAN 网络、微型传感网以及相关服务器和网络终端设备等，实现人与人、人与物及物与物之间的相互操作，构建"人—机—物"之间全面的信息联通与共享。

智慧处理系统。智慧处理系统是丰台科技园智慧园区建设的"中枢系统"，通过数据交换与共享，利用大数据、云计算等数据挖掘、分析与处理等手段，梳理出各领域的关键信息，为园区管理提供决策依据，实现对园区各类生产生活需求的敏捷智能响应，构建以人为中心的宜居宜业发展环境。

智慧应用系统。智慧应用系统是根据丰台科技园运营管理等需求，在感知、传输、数据处理等基础上建立各种智慧应用和应用整合，通过搭建智慧社区、电子政务、公共查询服务、智慧医疗、智慧教育、智慧安全等各类服务平台，为园区、企业、员工及居民提供可持续的智慧城市运营服务。

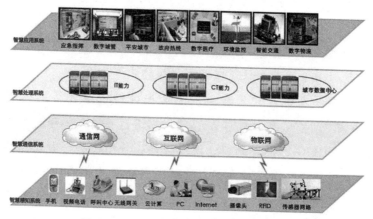

图 13 – 2　丰台科技园智慧园区总体架构

在生活服务层面，通过构建卫生健康服务、智慧教育服务、社区服务等多层次的生活服务信息系统，依托零工社区网站或 APP 及时发布和推送园区及周边地区学校、幼儿园、电影院、图书馆、科技馆、文化馆、美术馆、体育馆、游泳馆等各类公共服务设施相关信息，实现吃、住、行、购、娱、健等服务的信息查询与网上预定。

第十四章

服务："一站式"管家服务

一、全周期（CLM）

全周期是指全周期的企业管理服务，即 Company lifecycle management。不同规模、不同发展阶段、不同行业的企业需要不同的创新创业服务，一些创业者、创业团队拥有很好的主意、专利等前沿技术，但他们可能不擅长处理一些企业发展面临的实际问题和事务性的工作，如解决知识产权纠纷、办理注册公司的手续等。特别是初创企业，由于规模较小，收入和利润难以支撑一些必要的信息服务、营销管理费用，这些因素可能成为阻碍一个新锐公司快速成长的难题。针对这些初创型企业发展面临的问题和发展诉求，零工社区将加快推动资源整合，积极建立覆盖初创企业全生命周期管理服务方案，围绕企业注册、经营、办公等环节，提供全方位的服务指南，重点推出办公空间寻找、活动空间预定、行政注册代理、政策咨询、税务法律服务、创业导师推荐等全周期、全方位服务，并在零工社区网站或 APP 建立相应的服务渠道和链接，助力初创期企业快速成长。此外，还要进一步完善零工社区的毕业制度，制定明确的毕业时限机制，在有限的时间内努力调配各类资源助力企业成长壮大，成功达到毕业标准，从而实现创业项目的市场选择机制。

二、精准化（precision）

"精准化"即依托大数据产业分析、云招商等信息技术手段推动技术供求、空间供求、招商供需对接的精准化。在技术需求对接方面，目前零工社区正在依托线上零工需求大厅打造需求对接平台，通过推动企业信息技术、研发、专业技术咨询等服务需求外包，为创业团队和中小企业提供创业初期的需求单子和维持企业运转的业务来源。此外，零工社区将加强对创业型企业的大数据分析，推动大企业通过兼并、收购、股权投资等形式与优质中小企业建立紧密合作关系，进一步促进产业链上的功能分工和协同研发，形成功能符合、产业聚合的产业生态。

在空间供给方面，通过依托零工社区生态圈平台，实现创新型孵化器与空间需求者的精准链接，为创业者提供差异化的创新空间选择，实现办公空间、会议室、展示空间等各类空间的线上预定。依托后台数据，对创业者空间需求进行分析并分享给各个空间提供商，进一步优化空间产品供给，充分发挥市场调节资源的手段，推动创新空间资源优化配置。

在项目选择方面，零工社区将以产业需求为导向，精准定位产业内容和市场范围，通过对接行业协会、商会、咨询服务机构等专业行业中介，或通过云招商平台动态匹配目标企业空间需求及园区供给信息，根据客户需求引导项目功能设计与空间产品组织。

三、集聚化（clusterization）

零工社区将通过各类资源的链接实现专业要素和创新资源的集聚化发展。从创新型孵化器建设来看，目前零工社区上线了多元化的双创空间，每个专业孵化器的市场定位和运营者的资源优势都各具特色，如竹海科技为企业提供链接美国彼得蒙特和中以（以色列）科技企业跨境加速器等全球顶尖创新资源，再如海尔·企孵众创空间，专注于智能家居与消费电子领域的创新孵化项目。从国内外众创空间的发展特征来看，众创空间一般都会为创业者提供工作空间、社交网络、资本、技术、硬件等资源。未来丰台科技园将积极引导众创空间差异化发展，鼓励社会主体建设创新创业培训服务平台、开源硬件设施、共性技术平台、大数据平台等资源集聚平台，实现创业者依托零工社区与全球前沿技术、国际专家、世界顶尖企业家等资源的链接。

同时，零工社区将积极链接创新源头，支持北京内外科研院所、大学、龙头企业搭建创新成果产业化基地、产业技术研究院，并纳入零工社区体系，对社区内部企业共享或有条件开放。协调企业与高校合作建设联合实验室、工程技术研究院，形成产学研紧密合作的发展格局，推动技术革新和新业务拓展。支持高等院校建设创业营、专业人才培养基地、大学生就业实训基地等平台，为企业提供专业技术人才定向培养基地和人才储备池。

此外，行业联盟协会等组织也是未来零工社区集聚创新要素和资源的重要接口，以丰台区的重点产业为导向，围绕石墨烯、生物科技等前沿技术领域和军民融合等方向，在园区内不定期举办联盟企业需求对接会、技术交流会、企业家沙龙等活动，为园区中小企业加入产业联盟协会创造便利条件，同时吸引相关企业在丰台设立分支机构、企业总部等，促进行业内部的专业资源要素在丰台区集聚发展。

四、集成化（integration）

集成化是指通过服务专员制度和线上线下平台提供集成服务。从多年的园区发展经验来看，通过我们的调研，企业入驻园区以后，可能面临一些政策信息不对称或园区对接渠道缺失等问题。如企业不知道政府有哪些优惠政策、需要具备哪些条件才能申请到这些政策；再如，企业需要解决规划建设中遇到的问题，但不知道对接哪些政府部门等。针对这些问题，零工社区将推出"管家式"服务的工作模式，建立重点企业跟踪服务制度，对于具有发展潜力重点项目或是拟上市企业，由园区派人形成专员服务制度，从招商落地、建设咨询、产业服务、科技服务等多方面，提供"一站式""集成化"服务，多渠道链接资源，同时将这些优质项目和企业作为园区发展的战略资源，纳入园区共享发展平台。

从具体的线上线下服务内容来看，一方面，在目前零工社区线上平台基础上，完善办公空间预定、政策解读、办公服务（税务、法律、金融服务、公司注册代理）、创业导师课堂与创业培训、共性技术平台网上预约、企业信息服务平台托管等服务模块，尽快形成组合化的产品线。另一方面，不断提升线下服务水平，加强共性技术平台建设，引入科技咨询、科技中介、信息技术服务等科技服务机构；集聚一批天使投资、VC、PE等创业投资机构，对于具有高成长性、发展潜力好的企业，不仅要"扶上马"，同时还要"送一程"，完善中小企业创业融资环境；积极举办行业沙龙、专业论坛、项目对接会等多种活动，提供企业宣传、产品展示、产品发布、产品体验等服务，积极集聚发展活力；加强政府政策宣传力度，由服务专员定期为企业推送最新政策并进行政策解读，帮助企业及时有效地了解并享受政府的优惠政策；通过调节零工社区的服务业态及配比，完善餐饮、休闲、创业交流、休闲购物等配套服务，进一步创新环境，将零工社区建设成为创新生态型社区。

第十五章

平台：打造共性技术平台

一、国外共性技术平台发展特征

按照技术研发的阶段划分，技术可分为实验技术（基础研究）、共性技术、应用技术和专有技术①。共性技术一般指产业共性技术，是一种能够在一个或多个行业中得以广泛应用，能够对多个产业的创新能力、产出效率和发展质量产生重要影响的技术②，是一类竞争前技术。根据技术内容的重要性，产业共性技术可分为关键性、基础性和一般性技术三大类③，比如工信部发布的《产业关键共性技术发展指南 2015》列举了节能环保与资源综合利用、原材料工业、装备制造业、消费品工业、电子信息与通信业五大领域的 205项关键共性技术。共性技术对于一国高新技术产业发展和区域产业

① 张清辉、丁黎军：《产业共性技术开发平台研究国际比较》，载《中国软科学》，2010 年第 4 期。

② 贾中华：《中国共性技术研发平台现状及建设、运营机制初探》，载《中国发展》，2014 年第 5 期。

③ 龚毅、张慧、彭诗金、彭清秀：《产业共性技术创新平台的构建与实现研究》，载《经济记坛》，2013 年第 4 期。

结构升级具有重要的支撑作用，因此世界各国都十分重视共性技术研究，并大力支持共性技术研发机构建设，比如美国的国家标准与技术研究院（NIST）、日本产业技术综合研究院（AIST）、德国的弗朗霍夫应用研究促进学会等。结合不同的创新发展战略和产业导向，不同国家对共性技术平台的支持方向和政策各有侧重。

由于共性技术研发平台建设具有研发投资大、研究周期长、投资风险高等特点，在市场经济条件下，企业一般不愿意投资共性技术平台，共性技术平台具有准公共品的性质。从国外共性技术兴办模式来看，共性技术平台的搭建主要分为政府引导和PPP两种类型。政府引导的共性技术研发平台如美国国家标准与技术研究院（NIST）[1]，隶属于美国商务部的技术服务与研发部门，是集科技创新、计量和标准的制定及提供相关服务、技术开发推广服务为一体的产业共性技术研究机构，NIST经费的90%来自联邦政府，同时，又承担着相应的职责和任务，围绕能源、环境、先进制造、生命健康、基础设施和信息技术等国家急需发展的重要领域，提供计量和标准服务，同时促进共性技术研发和促进科技成果产业化。

2005年，世界经济合作与发展组织（OECD）将公共技术研发的PPP模式[2]定义为在一段时间内，公共部门与私人参加者通过共同建立一种正式的合作关系或安排，共同制定决策，共同投入现金、人员、设施、信息等稀缺资源，以在科学、技术和创新的某些领域实现特定目标。PPP模式的特点在于公共部门与私人参与者建立了

---

[1] 美国国家标准与技术研究院主要专注于物理、生物和工程等方面的基础和应用研究，其主要职责是研究建立国家计量标准、开发工业及国防测试技术、提供计量检定和校准服务、促进技术转让和中小企业新产品开发等。

[2] 朱健、王蓓：《PPP模式推进共性技术研发创新平台建设研究》，载《产业经济评记》，2017年第9期。

紧密、正式的合作关系，从而实现公共技术提供的效率最大化。例如德国弗朗霍夫学会，是德国政府重点支持的四大独立科研机构之一①，也是欧洲最大的应用科学研究机构，是直接面向产业的"民办、公助、非营利"研发平台。重点关注健康、安全、通信、交通、能源和环境等领域的技术导向型应用研究，向工业企业、服务行业和公共事业单位提供信息服务，推动科技成果的转让，促进企业开发新技术、新产品、新工艺。德国弗朗霍夫学会的研究经费主要来源于德国中央和地方政府、欧盟及企业，2/3 为竞争性资金，1/3 为非竞争性资金，来自政府的资金主要用于支持前瞻性研究，确保德国科研水平在全球的领先地位，来自产业资金用于开展面向市场的研究。

二、我国共性技术平台发展现状

新中国成立以来，我国一直非常重视基础科学技术的发展及其对工业、农业和国防建设的支撑作用。新中国成立初期，我国学习苏联发展模式，迅速地建立了大而全的科研机构，形成了一大批独立研究院所与高等院校。改革开放以后，我国科技体制逐步进入改革阶段，国家提出推动科技工作按照面向经济建设主战场、发展高技术研究及其产业、加强基础性研究三个层次的布局全面发展②。

20 世纪后期以来，随着我国产业结构逐步升级和新兴产业发展，

---

① 除了德国弗朗霍夫学会，德国政府重点支持的独立科研机构还有马普学会、赫姆霍茨研究中心联合会和莱布尼茨科学联合会。

② 国家科委、国家体改委：《关于分流人才、调整结构，进一步深化科技体制改革的若干意见》，载《科技进步与对策》，1992 年第 6 期。

各地政府对产业共性技术的研究和应用的关注越来越多，特别创新驱动上升为国家战略以后，国家和地方相继出台了一系列的创新战略和政策，都将共性技术平台建设放在极其重要的地位，如《中国制造2025》（2015.05）中提出，突破一批重点领域关键共性技术，面向制造业关键共性技术，建设一批重大科学研究和实验设施；再如，《国家创新驱动发展战略纲要》（2016.05）提出在智能绿色制造技术、军民科技等方面，提升共性关键技术水平。目前我国在共性技术平台建设中，仍存在共性技术市场准入门槛高、现有平台质量不高、共性技术的市场化应用水平低等问题。

从北京、上海等地区共性技术平台建设的经验来看，我国目前的共性技术平台主要分为以下几类，一是科研院所主导型，如中科院发挥研发优势，结合国内各地区产业发展基础，因地制宜地建设了一批产业技术研究院，如中科院深圳先进技术研究院、广州中科院工业技术研究院、中科院物理所苏州技术研究院等，再如大学产业技术研究院，借助大学学科结构全、科研基地多、创新能力强、高层次人才汇聚等优势，主要推进共性关键技术研发、转移与推广，代表性的机构有北京清华工业技术开发研究院、上海紫竹新兴产业技术研究院、陕西工业技术研究院、西北工业技术研究院、广州现代产业技术研究院等。二是政府主导型，即地方政府根据区域经济和产业规划，搭建的共性技术平台，推动产业共性技术、关键性技术、前瞻性技术和公益性技术的研发和推广应用，进一步推动地区产业技术升级和经济提质增效，典型代表机构有昆山工业技术研究院、海西工业技术研究院、厦门产业技术研究院等。三是多主体协同型，其特征是由科研院所、龙头企业等机构的主体参与，通过一定的合作模式，形成的共性技术、关键性技术和前瞻性技术的研发与转化平台，该模式目前还正在探索阶段，代表机构为北京协同创新研究院，以北大、清华、中科大、北航、中科院等14家学术单位和商飞、新奥等100多家行业龙头和高科技领军企业为基础，采取开放式、集团式的方式，以"协同创新中心—基金二元耦合"体制，推动知识、技术、产品与产业的深度融合，形成大学与大学、大学与产业、企业与行业等多方的协同创新网络。

三、建设共性技术研发与转化生态圈

借鉴国内外共性技术平台建设发展经验，结合区域产业发展基础，充分发挥零工社区发展平台的资源聚合能力，坚持需求导向，加强吸引高等院校、科研院所、专业机构、联盟协会等创新资源，因地制宜地探索建设共性技术平台，如打造专业领域或主题的（如石墨烯、军民融合）的共性技术平台，整合园区重点实验室、企业技术中心、检验检测平台、技术转化中心、知识产权服务机构等资源，构建包含共性技术联合攻关、标准联合制定、计量检测服务、技术推广与行业应用等功能的共性技术研发转化生态圈，形成产学研多主体协同创新、创新网络互动、外溢扩散的协同创新发展格局。

第十六章

资本：畅通投融资渠道

很多创业者在创业过程中，除了技术、人员等需求外，资金风险也是初创型公司面临的重要问题。知名投资人 Chris Dixon 曾告诫初创型公司一定要在银行账户里留足够公司运营 18 个月的资金。目前，多数创业者都是好友或个人出资成立公司运作，因此，资金是有限的，花费比较谨慎，既要考虑到运营成本，又要考虑到资金回笼周期，多数人会做一个破产时间估算。也有不少创业者从一些个人或基金公司获得少量天使或种子轮投资，但是之后就不再重视公司的现金流，导致入不敷出而倒闭。毫无必要的耗尽创业资金是一个非常大的风险，因此需要为创业者搭建一个敢于创新、勇于试错的金融支持系统，为创业者能够及时找到资金、合理利用资金，并提供"创业保险"，促使创业者能够重视公司的资金管理，同时实现自身价值。

一、满足多层次的创新金融需求

创新的各个环节都需要由不同的金融产品提供支持，因此而形成支持创新的多层次金融服务体系。发达国家科技金融发展为发展

中国家提供了有益借鉴。如美国形成了包括风险投资、风险贷款等
多层次科技金融市场，涌现出硅谷银行等一批科技型银行。其中，
硅谷银行为硅谷地区 70% 以上的风险投资支持的企业、全美 50% 以
上的 VC 支持的企业提供服务。我国科技研发投入持续增强，科技金
融规模不断壮大。2014 年，我国 R&D 经费支出 13312 亿元，是 2010
年的近两倍，占 GDP 的比重也由 1.7% 上升至 2.1%。科技金融市场
体系逐渐完善，形成了风险投资、股权投资、科技担保等多层次的
科技金融市场，为科技产业的快速发展及创新型国家建设提供了强
大支持。

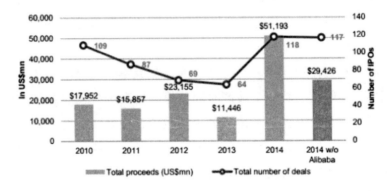

图 16 – 1   2010—2014 年全球 IPO 科技企业数量及融资规模（家，亿美元）

　　丰台科技园零工社区的金融体系需要以满足产业、创新资金需求
为导向，鼓励区域内现有银行、保险等金融机构开展业务创新，拓展
业务领域，着力引进外资银行的区域性分支机构、营业管理部、办事
处等，吸引国内具有影响力的地方性银行设立区域性总部、北京分行，
促进一批国内外私募基金、风险投资、融资信托、金融租赁等新兴金
融服务组织和机构聚集，引进先进的服务模式和管理理念，重点扶持
区内具有实力的大型企业集团成立财务公司，满足其自身发展壮大的

金融服务需求，未来引导实力较强的财务公司向外部业务拓展延伸，面向市场提供金融服务，加快构建多层次、多元化金融市场，努力形成金融、产业、创新多向互动、融合发展新格局。

二、聚集社会资本提供金融服务

近十几年我国经济高速发展，个人、组织及民营企业等逐渐掌握了巨量的社会资本，成为影响经济发展不可忽视的力量。这些资本快速流动，出现了温州炒房团等一批资本投资组织。据深圳证券交易所发布《2015 年个人投资者状况调查报告》显示，2015 年投资者结构仍以中小投资者为主，股票投资占家庭全部投资比例约三成。招商银行与贝恩管理顾问公司联合发布的《2015 中国私人财富报告》显示，资本市场和新兴投资产品拉动了中国私人财富市场的增长，2015 年中国个人可投资资产 1000 万元人民币以上的高净值人群规模已超过 100 万人，全国个人总体持有的可投资资产规模达到 112万亿元人民币。另一方面，我国民间资本主体，拥有大量闲置资本，这些资本急于寻求合适的增值途径，但由于自身投资理财的效率低下，投资回报低，找不到投资盈利点。引导这些社会资本参与双创、支持产业发展和中小微企业发展，打破"玻璃门"，为社会资本寻找出口成为当务之急。

引导社会资本踊跃参与"双创"，既能激发民间投资潜力，又能加快发展新经济、培育壮大新动能，让经济发展活力进一步迸发出来。丰台科技园零工社区建设应加强与创投机构、民间资本等合作，搭建产业投融资服务平台，鼓励和吸引社会资本特别是民间资本以合资、独资、股份合作、特许经营等方式参与双创，对入区企业进行股权投资，参与股利分配，支持企业做大做强。搭建"互联网＋创新创业"体系，打造"互联网＋"众筹融资平台，促进创业与创新、创业与就业，向上向下结合，降低民间创业门槛和成本。

三、以资本运作助推"双创"发展

无论是做企业还是做园区，资本运作的能力必不可少，只有拥有良好的资本运作能力，才能保持长久可持续发展。资本运作包括融资活动和投资活动两个主要组成部分，体现资本供给者和资本需求者之间的一种借贷关系和利益分配机制，一般包括破产重组、兼并并购、融资租赁等多种形式。对于企业来讲，良好的资本运作方式可以打开一条通过资本市场直接融资的通道，使企业获得大规模的发展机遇，得以超常规发展；可以实现资本的迅速集中，完成资本扩张的目的，以提高企业产品的市场占有率，增强市场竞争力；可以使企业更易获得技术与管理创新成果，从而使生产效率提高、生产成本降低、利润率上升，最终使资本不断增值。而对于园区管理运营者来讲，探索科学合理的资本运作模式，可以帮助园区企业获得融资渠道，分享园区企业成长红利，以保证园区持续健康发展。

丰台科技园零工社区建设发展应大力发展股权众筹等新兴融资模式，为不同发展阶段的企业提供差异化的融资服务。搭建包含投资平台、贷款平台、担保平台等在内的产业投融资服务平台，吸引咨询机构、私募股权、风险投资、基金公司、会计师事务所、资产评估事务所等各类金融中介服务机构入驻，引导风险投资开展投资业务。积极对接 P2P 网络借贷平台、大数据金融、众筹、信息化金融机构等互联网金融业态，为中小微企业创新创业提供多元化的微金融服务方式。加强专业化产业投资团队建设，通过外部招聘与内部培养相结合的方式培育一支专业团队，为入园企业提供投资咨询、投资培训等金融服务。

四、营造出良好的金融生态环境

从微观层面来讲，金融生态环境是指金融环境，包括法律制度、行政管理体制、社会诚信状况、会计与审计准则、中介服务体系、企业的发展状况及银企关系等方面的内容。金融生态环境是依照仿生学原理来发展建立金融体系的良性运作发展模式。经过多年的讨论，社会各界已经逐渐认识到，金融生态环境的好坏是决定一个区域经济竞争力的重要因素。在市场经济条件下，金融资源的流动性、效益性和安全性更多地取决于地区金融生态环境的好坏。金融生态环境好的地区能打造"资金洼地"，吸引各类资金流入，迅速提高本地区的经济竞争力，实现经济金融的良性互动发展。反之，一个地区金融生态环境很差，资金缺乏安全保障，成为金融高风险地区，银行资产得不到有效保护，信贷资金损失率高，就会降低本地区的竞争力，不仅吸引不到资金甚至导致资金外流，进而影响本地区经济的可持续发展。

丰台科技园零工社区的金融生态系统建设应做好以下五个方面工作：第一，应完善金融安全制度环境，完善社会信用体系建设，积极推动企业贷款风险警示系统建设，探索建立个人贷款风险预警系统，形成信用信息征集和利用的长效机制；第二，要提升金融中介服务水平，积极引进信用评级、资产评估、融资担保、投资咨询、保险代理、会计审计和法律服务等专业金融中介服务机构，为金融业发展提供优质高效的服务；第三，应积极培育金融行业组织，筹建金融行业协会、行业促进会等自律机构，引进互联网金融专业委员会、中国互联网金融协会、P2P 网贷协会等知名组织的分支机构，提升区域金融业自律水平；第四，应加强与国家级媒体和世界知名财经信息平台的战略合作，着力推进面向全球的金融信息收集、发布、沟通交流；第五，搭建政府与金融机构之间的信息交流平台，建立金融发展数据库，运用大数据、云计算等工具提供更加及时准确有效的形势分析和决策支持服务。

第十七章

辅导：实施创业导师计划

一、创业需要辅导

创业浪潮正在不断兴起，表现之一就是各个领域内的创业活动不断增多。一方面，在创业浪潮下创业型人才培养的重要性和急迫性越来越凸显；另一方面，由于知识的复杂性和专业性，一个创业者既需要掌握所在行业领域内的专业知识，也需要了解关于市场、管理、运营、销售等方方面面的知识，这也使创业过程充满了风险和不确定性。所以，创业导师对于创新创业的引领指导作用不容小觑，也是有助于降低创新创业过程的不确定性的重要因素。相关统计数据也表明了创业辅导对于创新创业成功率的重要性。美国未接受创业辅导的小企业中有超过一半的企业寿命不超过 6 年，而接受创业辅导的企业的失败率则降至 20%；我国中小企业平均寿命为 3.15 年，低于国外中小企业平均寿命 5.5 年，缺乏创业指导是一个重要原因。

可见，创业导师对创业者的创业辅导是创业过程中不可忽视的一个重要因素。首先，创业导师一般都具有很前沿的眼光和独特的见解，创业导师在创业的过程中，会帮助创业者辨析行业现状、创业模式、商业模式和社会现象。拥有一个优秀的创业导师，好比创业之路有了一个明确的方向。拥有一个优秀的创业导师，好比你的创业之路有了一个指路人。其次，创业辅导会帮助创业人员找准自身的创业优势、创业的定位和分析市场的竞争形势。这是非常重要的。现在的创业人员，有时候看不到自己的优势和劣势，往往很盲目地去做一件事，还不知道这件事的成功概率有多大，有多少的风险在其中，创业时要注意哪些法律、法规，而这些专业的知识却又是好多创业人员所缺失的。只有明确的认识到自己，给自己一个准确的定位，才好后续开展自身的创业之路。最后，创业导师一般具有较为深广的人脉资源，当你创业遇到市场、资金、专业、关系和管理等困难时，利用创业导师的深厚的人脉资源往往会给创业团队带来意想不到的帮助或好处。

一个好的创业导师不是命令创业者或创业团队做什么，怎么做，而是一步步的引导创业者或创业团队，帮助创业者走上一条正确的创业之路。

二、创业的供需矛盾

在双创的大趋势下，中关村丰台园科技资源集聚度不断提高，成为北京市科技资源最为丰富的地区之一，且具有优越的创新创业环境和工程师资源。当前，中关村丰台园已经汇聚了1万多家企业、7万多名工程师、14家院士专家工作站，拥有11000多家企业。虽然丰台园拥有丰富的双创资源，但笔者在多年的园区实际工作中发现创业过程中存在资源难以有效匹配的现象，创业者找不到相应的资源, 创业资源也难以有效甄选创业团队。这种现象越来越普遍, 并成为各类孵化器或众创空间的共性问题。

一方面, 很多创业者或创业团队在创业的过程中有好的想法, 却苦于不知道该如何去实现, 比如说做智能医疗可穿戴设备是很好的点子, 但想法变成产品却还有很长的路要走, 中间更需要资金、技术、空间等资源的支持, 现实中也很难有相应的资源提供者能够快捷有效地帮助创业者或创业团队实现由想法到产品的转变。另一方面, 许多优秀且经验丰富的工程师, 既有技术手段, 也有很好的技术平台, 能够很容易地把自己的想法变成产品, 但是由于对市场不够了解, 很难将其产品在市场上推广。另外, 丰台园园区内部大量技术人员的智慧资源被忽视, 这些"闲置"的巨量智力资源缺乏相应的渠道参与到创新创业活动之中, 导致一部分技术人员的创新创业需求得不到满足。

目前的导师制度仍然存在不少问题。首先, 导师与创业者之间是一种松散的关系, 辅导结果难以定量衡量; 其次, 导师的时间、经验和精力不能与创业者的实际需求相匹配; 最后, 由于创业资源区域内非均衡布局, 使一些地方缺乏导师资源, 如何汇集更多的导师资源来服务于更多更广范围内的创业者, 是目前创业导师制度应解决的问题。

三、零工社区的"大咖"模式

鉴于以上创业过程中存在的供需矛盾, 如果在双创过程中, 双方通过一种新型组织关系能够实现高效对接, 将在很大程度上能提高创业成功率。正是基于这样的初衷, 并吸收借鉴源自美国的"零工"思维——指人们通过利用移动互联网技术和网络平台获得具有弹性和灵活性的工作机会，劳动者只需在一定时间段内提供某种特定的服务，从而实现快速的供需匹配。丰台园提出构建零工社区的想法。零工社区从本质来看是一种联结体，是将有想法的人和有办法的人，即创业者和各领域专家，运用算法匹配需求，从而使他们结合在一起，提高创业成功率，最终达到集众智、汇众力的目的。

也曾有过一些孵化空间将创业资源、创业者情况和需求放到线上，通过线上平台寻找线下相应资源，这仍是传统的信息匹配方式。而零工社区则是利用大数据技术解决传统信息匹配的痛点，实现精准的数据匹配。

具体做法是：招募一些不同行业领域的专家作为零工社区的创业导师——"大咖"，在零工社区的线上平台为各位"大咖""打"上一个详细的描述标签，即擅长什么问题、能解决什么问题；然后把创业需求进行汇集；最后依托大数据技术，通过优化的算法，让机器通过自己学习对资源进行智能匹配。需求方选择好大咖后，可以通过专属预约通道留言提问，也可以通过分答专区直接向大咖提问，如需在线下进行面谈，会有专属客服协调时间。

假如你在某一领域是权威人士或专家，在零工社区会有专门的客服人员为大咖提供服务，大咖不需要自己注册。通过一些简单的线上操作，每名大咖都可以拥有专属的大咖详情页，并形成大咖社群。在大咖社群中，通过大数据技术，为专家全面画像，让需求方更深入、更直观地了解专家的具体信息。零工社区中的大咖还可以参加社区组织的话题，发表观点和见解，参加访谈，参加社区组织的高峰论坛，从而发表观点、进行高端交流等活动。

依照以上的流程及模式，零工社区通过大数据技术为需求方智能匹配专家，依照共享经济的思维，完成了对创新创业的一站式服务。

第十八章

氛围：营造双创文化环境

一、文化对科技创新的作用凸显

创新创业文化反映了人们对创新创业及财富的基本认识、价值标准、职业道德等创新意识和创业精神。硅谷傲视全球的最大秘诀不仅仅是其科技创新。随着对硅谷模式研究越来越丰富和细致，越来越多的人开始认识到硅谷独特文化的特殊作用。

在硅谷，才能第一，年龄、资历、种族等因素都不重要。东亚、印度新移民能够凭借自身才能在硅谷立足，并走向成功。诚信是基石，是一切合作的基础，法定合同和口头契约都能得到很好的贯彻，在硅谷一个人的品行有问题，那么他将在市场中遭到淘汰。求知是永恒的动力，在硅谷集聚着众多高学历人才，但这些高学历人才并不满足于既有的学位，而是在空余时间到学校学习新的思想知识或参与专业讲座了解各行业的最新趋势，孜孜不倦地学习新知识，新知识地不断输入，人的创意、点子、想法才会不断涌现，硅谷的创新成果才能层出不穷。追求自由式硅谷的最高境界，硅谷从业者从不喜欢教会的束缚和征服的干涉，更不喜欢某某意识形态的框架，他们更多的是将创业创新看成是人生的一种正常的追求，是真正实现人生自由的重要手段。鼓励风险、包容失败也是硅谷文化的重要特征，众所周知，硅谷是高科技产业的集聚区，高科技行业风险高，创业的失败率也高。但不管是创业者还是投资人，都对风险保持着正面、乐观、积极的态度，愿意共同承担风险，化解风险。投资人会想方设法为初创企业或初创团队渡过难关，解除他们的后顾之忧，专注产品研发和市场推广，若是成功，则实现双赢；如果失败，则从头再来。贪婪往往被看作是很多罪恶的根源，而适度贪婪则是人类进步的动力之一。在硅谷就有这么一种适度贪婪的文化，你可以看见一个亿万富翁一会儿驾着飞机穿梭于大洋两岸，一会儿又穿着免费 T 恤悠然坐在街头简陋的小咖啡馆里，最后将所有的财富捐给慈善事业。贪婪的另一面就是脚踏实地，在硅谷从来不缺少脚踏实地且乐于竞争的创业者。他们善于寻找身边的成功人士当作榜样，这些榜样更激发他们创业的雄心；硅谷人也是务实的，他们看重的创新是有用的东西，能迅速转化成产品的创新，不喜欢天马行空的遐想，也不注重发表几篇论文。他们眼界虽高，但脚踏实地，在日复一日的严格操作中一步一步踩出坚实的成功之路。另外，在硅谷具有流动性极强的从业群体，从全国甚至全世界聚集到此，从一个公司到另一个公司迅速跳槽，各公司的员工之间的频繁接触，以及跨行业间的智慧不断交融……这样的一个职业环境，知识也高速流动，同行之间难以保守秘密，只有靠最优异的执行力快速胜出。

迈克尔·波特曾经说过，"基于文化的优势是最根本的、最难模仿的、最持久的竞争优势"。硅谷正是形成了独特的文化特色，才看上去与众不同，也变得难以复制。

二、中关村创新创业文化

中关村在科技创新取得显著成就的同时，在创新文化方面也取得了很大发展，逐步形成一系列带有中关村特色的创新文化元素。中关村创新文化是在中关村创新创业发展历程中逐步形成并发展起来的，基本经历了三个阶段：

文化自发形成阶段。改革开放初期，一批科研人员胸怀"科技报国"的理想，以"敢为天下先"的勇气，突破科研体制机制束缚，"下海"创办民营高科技企业，致力于科技成果服务社会，开启了中关村创业的序幕。这些企业家精神也形成了中关村最初的创新创业文化，体现了中关村人"敢于冒险，不怕失败"的创业精神。

文化融合发展阶段。进入20世纪90年代，大批海外留学人员纷纷回国创业，在中关村掀起新一轮的以海归创业为特征的创业新高潮，也为中关村带来了新的创新创业文化理念。该阶段，中关村创新创业主体多元，校园文化、本土民营文化、海归文化等多元创新创业文化有机融合、相互交融，推动了中关村创新文化大发展，园区鼓励创新、宽容失败、开放包容的文化氛围日益浓厚。

文化引导提升阶段。自2009年中关村国家自主创新示范区批复以来，中关村围绕具有全球影响力的创新中心建设目标，开展先行先试，加快体制机制改革创新，着力优化创新创业发展环境。该阶段，政府开始重视对创新文化的引导，加强创新文化制度建设，弘扬企业家精神，营造"鼓励创新、宽容失败"的文化氛围，激发了各类主体的创新创业活力。园区创新文化得到不断丰富和完善，文化影响力不断提升。

"鼓励创新、宽容失败""不惧风险、志在领先"等精神和理念，体现出了中关村创新创业实践的缩影和中关村创新文化的精髓。"鼓励创新、宽容失败"，是中关村创新文化的基本理念，不仅体现在国务院先后6次决定支持中关村创新发展上，体现在中关村促进科技创新和产业化一系列"首吃螃蟹"之举上，也体现在社会对创新创业未成功者的尊重和包容上。"不惧风险、志在领先"，体现了中关村新老创业企业家敢为天下先、抢占科技制高点的品格，引领中关村取得一批关键核心技术突破，主导创制一批国际标准，形成一批领军企业和战略性新兴产业集群。

三、零工文化锻造

多渠道多方位培育并渗透零工文化。支持企业通过搭建零工平台，在某业务领域设立零工社区等方式培育零工文化，通过专家讲座、创业活动扶持等多种方式，鼓励和引导企业、创业者或创业团队形成具有自身特色、崇尚创新、积极向上的零工文化。

创建"丰台园创新文化典型案例库"。整合不同渠道资源，建立中关村丰台园创新文化典型案例库，收录中关村知名企业家、创业者的创业案例以及创新创业环境营造者的典型事迹，并进行动态更新，及时掌握中关村丰台园最新创新创业动态，为开展创新文化的研究、挖掘、宣传推介等提供基础支撑。

引入全球视野、国际竞争、高端链接的国际化元素。中关村丰台园已经进入国际化发展的新阶段，正在致力于推进全球资源"高端链接"和"走出去、引进来"战略，搭建国际化服务平台，引进国际顶级人才、团队和企业入驻，支持企业开拓海外市场、开展国际并购和国际合作。必须与时俱进，增加零工文化中的国际化元素，丰富零工文化的国际化内涵，激励企业积极参与国际竞争和合作，在全球范围内优化配置资源，吸引聚集有理想、有梦想、有执行力的创新创业团队。

策划一批中关村创新文化推介产品或活动。鼓励创新宣传推介的产品形式，支持开展与零工文化相关的影视剧、舞台剧等作品创作，充分展现零工时代风貌和文化特色。塑造丰台园零工文化宣传典型，通过典型人物、典型案例的挖掘与宣传，使零工文化深入人心。开展零工精神形象大使创新创业形象代表评选活动，提升丰台园零工文化的知名度和影响力。依托"中关村创新论坛"等知名论坛，大力宣传推介零工文化。设立"丰台园零工文化日"，集中开展零工文化交流会、零工文化演出活动等丰富多彩的创新文化活动，全方位加强对丰台园零工文化的宣传推介力度，并在硅谷等知名科技园区同步举行，提升中关村创新文化的国际影响力。

参考文献

［1］Alfred D. Chandler. The Visible Hand: The Managerial Revolutionin American Business ［M］. Massachusetts Harvard University Press, 1977: 45 – 78.

［2］Amitia M. Location of vertically linked industries: agglomeration versus comparative advantage ［J］. European Economic Review , 2005: 809 – 832.

［3］Ashcroft B and Taylor J. The Movement of Manufacturing Industry and the Effect of Regional Policy ［J］. Oxford Economic Papers, New Series, 1977 (1): 84 – 101.

［4］Baptista R. Geographical Clusters and Innovation Diffusion ［J］. Technological Forecasting and Social Change, 2001: 31 – 46.

［5］Belk, R. You are what you can access: sharing and collaborative consumption online ［J］. Bus. Res. 2014 (67): 1595 – 1600.

［6］Botsman, R. , Rogers, R. What's Mine is Yours: How Collaborative Consumption is Changing the Way We Live ［M］. Collins, London, UK. 2010.

［7］C. W. L. Hill. Oliver Williamson and the M – Form Firm: A Critical Review ［J］. Journal of Economic Issues, 1985: 731 – 751.

［8］Chris J. Martin. The sharing economy: A pathway to sustainability or a nightmarish form of neoliberal capitalism? ［J］. Ecological Economics, 2016 (121) : 149 – 159.

［9］Disdier A C and Mayer T. How different is Eastern Europe? Structure and determinants of location choices by French firms in Eastern and Western Europe [J]. Journal of Comparative Economics, 2004 (32): 280 – 296.

[10] Dunning J. H. Trade, location of Economic Activity and the Multinational Enterprise: A Search of an Eclectic Approach [M]. London: Macmillan, 1977.

[11] Dunning J. H. (ed.). Regions, Globalization and the Knowledge – Based Economy [M]. Oxford: Oxford University Press, 2000.

[12] Fujita M. & Thisse J. F. Economics of Agglomeration [M]. Cambridge: Cambridge University Press, 2002.

[13] Heinrichs, H. Sharing economy: a potential new pathway to sustainability [J]. Gaia 2013 (22): 228 – 231.

[14] Gandini, A. The rise of coworking spaces: a literature review [J]. Ephemera: Theory Politics Organ. 2015 (15): 193 – 205.

[15] Gansky, L. The Mesh: Why the Future of Business is Sharing [M]. Portfolio Penguin, New York, 2012.

[16] Helpman E. Innovation, Imitation, and Intellectual Property Rights [J]. Econometrica, 1993, 61 (6): 1247 – 1280.

[17] Juliet B. Schor, Connor Fitzmaurice, Lindsey. Carfagna. Paradoxes of openness and distinction in the sharing economy [J]. Poetics, 2016: 66 – 81.

[18] John Friedmann. Building on Strength: the Role of Urban Neighborhoods in Sustainable Development [J]. Foreign urban planning, 2005 (5).

[19] Krugman P. Increaing Returns and Economics Geography [J]. Journal of Political Economic, 1991 (3): 483 – 499.

[20] Kim S. Expansion of Markets and the Geographic Distribution of Economic Activities: The Trends in U. S. Regional Manufacturing Structure, 1860 – 1987 [J]. The Quarterly Journal of Econmics, 1995 (4): 881 – 908.

[21] Lai L C. International Intellectual Property Rights Protection and the Rate of Product Innovation [J]. Journal of Development Economics, 1998, 55 (1): 133 – 153.

[22] Lizzie Richardson. Performing the sharing economy [J]. Geoforum, 2015

(67): 121 - 129.

Morozov, E. The ' ' sharing economy" undermines workers' rights [J] . The Financial Times, 2013.

[23] Orsi, J. Practicing Law in the Sharing Economy: Helping People Build Cooperatives, Social Enterprise, and Local Sustainable Economies [J] . American Bar Association, Chicago, 2012.

[24] Pennings E, Sleuwaegen L. International relocation: firm and industry determinants [J] . Economics Letters, 2000: 179 - 186.

[25] Price, J. A. Sharing: the integration of intimate economies [J] . Anthropologica, 1975 (17): 3 - 27.

[26] Parello C P. A North - South Model of Intellectual Property Rights Protection and Skill Accumulation [J] . Journal of Development Economics, 2008, 85 (1): 253 - 281.

[27] Richard E. Baldwin, Paul Krugman. Agglomeration, integration and tax harmonization European Economic Review, 2004 (48): 1 - 23.

[28] Schor, J. B. , & Fitzmaurice, C. Collaborating and connecting: The emergence of a sharing economy [J] . In Handbook of Research on Sustainable Consumption, (2015) .

[29] Smith, A. , Voβ, J. - P. , Grin, J. Innovation studies and sustainability transitions: the allure of the multi - level perspective and its challenges [J] . Res. Policy, 2010 (39): 435 - 448.

[30] Siebeck W E. Strengthening Protection of Intellectual Property in Developing Countries: A Survey of the Literature [R] . Washington D C: The World Bank, 1990.

[31] Thompson M A, Rushing F W. An Empirical Analysis ofthe Impact of Patent Protection on Economic Growth: An Extension [J] . Journal of Economic Development, 1995, 24 (6): 67 - 76.

[32] Vernon R. International investment and international trade in the product cycle [J] . Quarterly journal of economics, 1966, V80: 196 - 207.

[33] Wittel, A. Qualities of sharing and their transformations in the digital age [J]

. Int. Rev. Inf. Ethics 2011（15）：3 - 8.

[34] 阿里研究院：《平台经济》，机械工业出版社 2016 年版。

[35] 艾伯特·拉斯洛·巴拉巴西：《爆发：大数据时代预见未来的新思维》，马慧译，中国人民大学出版社 2012 年版。

[36] 阿伦·拉奥、皮埃罗·斯加鲁菲：《硅谷百年史：伟大的科技创新与创业历 1900—2013》，闫景立、侯爱华译，人民邮电出版社 2014 年版。

[37] 陈良文、杨开忠、沈体雁：《经济集聚密度与劳动生产率差异——基于北京市微观数据的实证研究》，载《经济学（季刊）》，2008 年第 1 期。

[38] 陈建军、崔春梅、陈菁菁：《集聚经济、空间连续性与企业区位选择》，载《管理世界》，2011 年第 6 期。

[39] 陈东琪：《总部经济在中国发展的方式和道路》，载《投资北京》，2004 年第 5 期。

[40] 陈威如、余卓轩：《平台战略：正在席卷全球的商业模式革命》，中信出版社 2013 年版。

[41] 陈仲常：《产业经济理论与实证分析》，重庆大学出版社 2005 年版。

[42] 操龙灿、杨善林：《产业共性技术创新体系建设的研究》，载《中国软科学》，2005 年第 11 期。

[43] 丁力、郭文生：《关于总部经济的设想》，载《首都经济杂志》，2011 年第 3 期。

[44] 董雪兵、朱慧、康继军：《转型期知识产权保护制度的增长效应研究》，载《经济研究》，2012 年第 8 期。

[45] 大卫·李嘉图：《政治经济学及赋税原理》，郭大力、王亚南译，商务印书馆 1976 年版。

[46] 戴德胜、姚迪、刘博敏：《公司总部办公选址因子分析——以北京市总部办公分布为例》，载《城市规划学刊》，2005 年第 3 期。

[47] 方彬楠：《零工社区：大数据光环下的挑战》，载《北京商报》，2016 年 7 月 4 日。

[48] 范子英：《地区经济战略与区域经济融合》，载《经济社会体制比较》，2010 年第 6 期。

［49］傅十和、洪俊杰：《企业规模、城市规模与集聚经济》，载《经济研究》，2008 年第 11 期。

［50］龚毅、张慧、彭诗金：《产业共性技术创新平台的构建与实现研究》，载《经济论坛》，2013 年第 4 期。

［51］高洪深：《总部经济：理论阐释与案例分析》，载《中国人民大学学报》，2005 年第 4 期。

［52］高珮菁：《"零工经济"：自由与不确定并存》，载《青年参考》，2015 年 11 月 25 日。

［53］郭晓林：《产业共性技术创新体系及共享机制研究》，华中科技大学博士论文，2006 年。

［54］韩玉雄、李怀祖：《知识产权保护对经济增长的影响：一个基于垂直创新的技术扩散模型》，载《当代经济科学》，2003 年第 2 期。

［55］贺灿飞：《公司总部地理集聚及其空间演变》，载《中国软科学》，2007 年第 3 期。

［56］何雄浪、李国平、杨继瑞：《我国产业集聚原因的探讨—基于区域效应、集聚效应、空间成本的新视角》，载《南开经济研究》，2007 年第 6 期。

［57］贾中华：《中国共性技术研发平台现状及建设、运营机制初探》，载《中国发展》，2014 年第 5 期。

［58］杰夫·戴尔、赫尔·葛瑞格森、克莱顿·克里斯坦森：《创新者的基因》，曾佳宁译，中信出版社 2013 年版。

［59］卡罗塔·佩蕾丝：《技术革命与金融资本——泡沫与黄金时代的动力学》，田芳萌译，中国人民大学出版社 2007 年版。

［60］孔剑平：《社群经济——移动互联网时代未来商业驱动力》，机械工业出版社 2016 年版。

［61］克莱·舍基：《人人时代》，中国人民出版社 2012 年版。

［62］克莱·舍基：《认知盈余》，胡泳译，中国人民大学出版社 2012 年版。

［63］克莱顿·克里斯坦森：《创新者的窘境》，胡建桥译，中信出版社 2014 年版。

［64］克莱顿·克里斯坦森、迈克尔·雷纳：《创新者的解答》，李瑜偲、林伟、

郑欢译，中信出版社 2013 年版。

[65] 克劳斯·施瓦布：《第四次工业革命：转型的力量》，中信出版社 2016 年版。

[66] 克里斯·安德森：《创客——新工业革命》，萧萧译，中信出版社 2012 年版。

[67] 凯文凯利：《新经济新规则——网络经济的十种策略》，刘仲涛、康欣叶、侯煜译，电子工业出版社 2014 年版。

[68] 里克莱文、克里斯托弗洛克：《互联网的本质——传统商业的终结与超链接企业的崛起》，江唐、丁康吉译，中信出版社 2016 年版。

[69] 刘志阳：《中国总部经济的过度竞争与治理》，载《学术月刊》，2013 年第 3 期。

[70] 刘春成、白旭飞、侯汉坡：《浅析北京工业空间布局演变路径》，载《中国社会科学》，2008 年第 4 期。

[71] 刘志迎、陈青祥、徐毅：《众创的概念模型及其理论解析》，载《科学学与科学技术管理》，2015 年第 2 期。

[72] 李继培：《丰台园 45 亿元打造总部基地》，载《新经济导刊》，2008 年第 4 期。

[73] 李健：《总部经济与区域经济发展研究》，载《唯实》，2004 年第 12 期。

[74] 李忠民：《知识经济发展理论》，中国社会科学出版社 2006 年版。

[75] 李建玲、李纪珍：《产业共性技术与关键技术的比较研究：基于北京市科委资助科研项目的统计》，载《技术经济》，2009 年第 6 期。

[76] 李纪珍、邓衢文：《产业共性技术供给和扩散的多重失灵》，载《科学学与科学技术管理》，2011 年第 7 期。

[77] 李纪珍：《产业共性技术供给体系》，中国金融出版社 2004 年版。

[78] 林文俏：《发展总部经济阔步走向国际》，载《上海综合经济》，2003 年第 11 期。

[79] 吕力、李倩、方竹青：《众创、众创空间与创业过程》，载《科技创业月刊》，2015 年第 10 期。

[80] 吕薇：《创新驱动发展与知识产权制度》，中国发展出版社 2014 年版。

[81] 廖勤:《零工经济时代,每个人都能做自由职业者》,载《上海观察》,2016 年第 6 期。

[82] 栾春娟、王贤文、侯海燕:《国内外共性技术及其测度研究综述》,载《科学学与科学技术管理》,2011 年第 4 期。

[83] 马化腾:《分享经济:供给侧改革的新经济方案》,中信出版社 2016 年版。

[84] 马文良:《创新社区:开启园区发展新时代》,载《中关村》,2015 年第 4 期。

[85] 马一德:《创新驱动发展与知识产权战略研究》,北京大学出版社 2015 年版。

[86] 尼葛洛庞帝:《数字化生存》,胡泳、范梅燕译,海口出版社 1997 年版。

[87] 庞毅、韩蕾、田然:《北京总部经济发展模式研究》,载《城市发展研究》,2007 年第 3 期。

[88] 屈晓娟:《知识产权保护、技术差距与后发地区经济增长:一个分析框架》,载《华东经济管理》,2016 年第 10 期。

[89] 邱国盛:《20 世纪北京、上海发展比较研究》,四川大学学位论文,2003 年。

[90] 任永菊、张岩贵:《跨国公司地区总部的特征、类型及其来华情况分析》,载《世界经济》,2005 年第 1 期。

[91] 孙宝文:《互联网经济——中国经济发展的新形态》,经济科学出版社 2014 年版。

[92] 史蒂芬柯维:《信任的速度——一个可以改变一切的力量》,王新鸿译,中国青年出版社 2011 年版。

[93] 史蒂夫·布兰克、鲍勃·多夫:《The Startup Owner's Manual: The Step‐By‐Step Guide for Building a Great Company》,机械工业出版社 2013 年版。

[94] 史忠良、沈红兵:《中国总部经济的形成及其发展研究》,载《中国工业经济》,2005 年第 5 期。

[95] 石泽杰:《开放式战略——互联网 + 商业模式颠覆式创新》,中国经济出版社 2015 年版。

［96］舒元、才国伟：《我国省际技术进步及其空间扩散分析》，载《经济研究》，2007 年第 6 期。

［97］谭崇台：《发展经济学》，上海人民出版社 1989 年版。

［98］托马斯·弗利德曼：《世界是平的》，湖南科学技术出版社 2006 年版。

［99］蒂姆·哈福德：《适应性创新：伟大企业持续创新的竞争法则》，冷迪译，浙江人民出版社 2014 年版。

［100］魏后凯：《现代区域经济学》，经济管理出版社 2006 年版。

［101］吴凯、蔡虹：《中国知识产权保护与经济增长的实证研究》，载《科学学研究》，2010 年第 12 期。

［102］威利茨：《数字经济大趋势——正在到来的商业机遇》，徐俊杰译，人民邮电出版社 2013 年版。

［103］王煜全、薛兆丰：《全球风口：积木式创新与中国新机遇》，浙江人民出版社 2016 年版。

［104］王佑镁、叶爱敏：《从创客空间到众创空间：基于创新 2.0 的功能模型与服务路径》，载《电化教育研究》，2015 年第 11 期。

［105］王军、魏建：《总部经济的基本概念与发展路径研究》，载《山东社会科学》，2006 年第 9 期。

［106］王华：《更严厉的知识产权保护制度有利于技术创新吗?》，载《经济研究》，2011 年第 2 期。

［107］王亚萍：《政府在发展产业共性技术开发创新平台中的作用探讨》，载《农业科技管理》，2008 年第 8 期。

［108］韦伯：《工业区位论》，商务印书馆 1997 年版。

［109］谢文：《大数据经济》，北京联合出版公司 2016 年版。

［110］徐思彦、李正风：《公众参与创新的社会网络：创客运动与创客空间》，载《科学学研究》，2014 年第 12 期。

［111］薛捷、张振刚：《国外产业共性技术创新平台建设的经验分析及其对我国的启示》，载《科学学与科学技术管理》，2006 年第 12 期。

［112］辛建：《推动总部经济新发展必须大力发展现代服务业》，载《全国商情：理论研究》，2010 年第 18 期。

[113] 许端阳、徐峰：《产业共性技术的界定及选择方法研究——基于科技计划管理的视角》，载《中国软科学》，2010 年第 4 期。

[114] 叶素云、叶振宇：《中国工业企业的区位选择：市场潜力、资源禀赋与税负水平》，载《南开经济研究》，2012 年第 5 期。

[115] 伊彤：《对产业共性技术平台的战略思考》，载《太原科技》，2009 年第 1 期。

[116] 亚当·斯密：《国民财富的性质和原因的研究》，郭大力、王亚南译，商务印书馆 1972 年版。

[117] 赵弘：《总部经济》，中国经济出版社 2005 年版。

[118] 周丹：《总部经济的资金集聚效应及其对金融运行的影响——以北京为例》，载《经济论坛》，2007 年第 17 期。

[119] 周国林：《产业共性技术形成的需求机理与产业共性技术政策》，载《云南社会科学》，2020 年第 2 期。

[120] 张良贵、孙久文：《金融加速器效应的经济区域特征与区域产业转移》，载《产业经济研究》，2013 年第 3 期。

[121] 张维迎、周黎安、顾全林：《高新技术企业的成长及其影响因素：分位回归模型的一个应用》，载《管理世界》，2005 年第 10 期。

[122] 张维迎、周黎安、顾全林：《经济转型中的企业退出机制》，载《经济研究》，2003 年第 10 期。

[123] 张清辉：《丁黎军产业共性技术开发平台研究国际比较》，载《中国管理信息化》，2012 年第 5 期。

[124] 张萤雪：《中心城市总部经济发展模式研究》，载《沈阳师范大学学报》，2016 年第 4 期。

[125] 张敏：《知识创新发展时代的知识产权制度》，载《政策与商法研究》，2016 年第 22 期。

[126] 张荣齐、李宇红：《北京总部经济发展研究》，载《商业时代》，2006 年第 18 期。

[127] 张治栋、张淑欣：《产业共性技术政府支持性研究》，载《经济与管理》，2013 年第 3 期。

［128］张健：《总部经济热中的冷思考》，载《中国投资》，2004 年第 4 期。

［129］朱健、王蓓：《PPP 模式推进共性技术研发创新平台建设研究》，载《产业经济评论》，2015 年第 9 期。

［130］郑晓红、杨海霞：《论中国总部基地的发展》，载《经济师》，2006 年第 9 期。

［131］詹姆斯·麦奎维：《颠覆：数字经济的创新思维和商业模式》，陈志伟、李融译，电子工业出版社 2016 年版。

［132］祝智庭、雒亮：《从创客运动到创客教育：培植众创文化》，载《电化教育研究》，2015 年第 7 期。

［133］北京市 2016 年政府工作报告。

［134］《知识产权与美国经济：聚焦产业》，赛迪译丛，2012 年。

［135］《众创空间专题研究报告》，投中研究院，2015 年。

［136］《中国分享经济发展报告 2016》，国家信息中心信息化研究部，2016 年。

［137］《中关村指数 2016》，中关村管委会，2016 年。

［138］《中国大数据市场年度综合报告 2016》，易观咨询，2016 年。

［139］《独立工作：选择、必需和零工经济》，麦肯锡全球研究所，2016 年。

［140］《新经济框架：从行业分工到平台共享》，阿里研究院，2016 年。

［141］《如何看待"零工经济"》，中国社会科学院经济所《宏观经济与政策跟踪》课题组，2016 年。

［142］《"十二五"期间北京市发展总部经济的思路和政策措施研究》，北京社会科学院中国总部经济研究中心。